왜 문정 왕후는 수렴청정을 했을까?

교과서 속 역사 이야기, 법정에 서다

32 역사공화국 한국사법정

임꺽정 VS 문정 왕후

왜 문정 왕후는 수렴청정을 했을까?

글 임혜련 | 그림 박준우

(주)자음과모음

책머리에

역사는 과거 우리 조상들이 살았던 삶과 생활 방식을 통해 현재 우리의 역사적 위치를 이해하고 과거의 잘못을 다시 밟지 않기 위한 나침반의 역할을 합니다. 이러한 이유들로 인해 역사는 현재, 미래를 위해서도 중요합니다. 그래서 많은 사람들이 역사를 알아야 한다고 주장합니다. 우리는 방대한 서적과 TV 다큐멘터리, 드라마 등 다양한 경로를 통해 역사와 가까워질 수 있습니다.

이러한 역사는 우리가 만들어 온 것들입니다. 이로 인해 역사적 인물과 사건에 대한 관심이 지속적으로 이어져 올 수 있었습니다. 하지만 주로 역사의 주인공은 여성이 아닌 남성이었습니다. 군주제를 해온 우리나라는 주로 남성이 공적 영역에서 활동했고, 역사적 기록 또한 그들에 의해 작성되었습니다. 그래서 대체로 여성의 활동은 역사적 기록에 묻혀서 그 삶의 흔적을 찾기 어렵지만 예외의 경우도 있습니다. 바로 '수렴청정'입니다.

사극 드라마에서 '수렴청정'은 나이 어린 왕이 있고, 그 뒤에 발을 치고 앉은 대왕대비가 호령하는 모습이었습니다. 그래서 후대 사람들은 역사 속 '수렴청정'에 대해서는 여자가 나라를 다스려서 왕을 허수아비로 만들었다고 부정적으로 여겨 왔습니다. 왜 그렇게 생각했을까요? 그것은 우리의 역사관에 남성 중심의 사관이 뿌리 깊게 자리잡고 있기 때문이죠.

반면에 '수렴청정'이 갖는 긍정적인 부분도 있습니다. 그것은 왕조 국가를 지속하기 위한 하나의 방법이라는 것이지요. 만약 왕위를 계승한 왕이 미성년이라면, 국가를 제대로 다스릴 수 있을까요? 아마 불가능할 것입니다. 만약 어린 왕을 성인이 될 때까지 옆에서 도와준다면 어떠했을까요? 이를 통해 왕은 훌륭한 군주로 성장할 수 있지 않을까요? 바로 이러한 출발에서 '수렴청정'의 역사가 이루어졌다고 할 수 있어요.

'수렴청정'은 왕을 허수아비로 만드는 것이 아니라 왕을 도와서 정치를 함께 하는 것을 의미합니다. 이때 '수렴청정'을 하는 왕비의 권한은 합법적으로 주어진 것이지요. 또한 '수렴청정'이 제대로만 시행된다면 왕은 스스로 나라를 다스릴 수 있는 나이가 되었을 때 걱정 없이 운영할 수 있을 것입니다. 그렇지만 모든 제도는 그 효과와 함께 문제점도 있기 마련이지요. '수렴청정'의 문제점은 공적 영역에서 활동하지 않았던 선왕의 왕비가 정치에 참여하면서 외척의 도움을 받다 보니 그들의 영향력이 커지게 되었습니다. 그러한 문제점이 컸기 때문에 문정 왕후는 당대에나 후대에도 부정적으로 평가받았습니다. 임꺽정이 난을 일으킨 것도 바로 '수렴청정'으로 인해 막강한 권력을 가진 외척들이 저지른 부정부패 때문이었습니다.

임꺽정과 문정 왕후의 재판을 통해 당시의 실상을 이해하고, 그 문제점들을 살펴보는 것은 하나의 제도가 제대로 시행되지 않을 때 발생할 수 있는 사회의 혼란상을 파악하는 데 도움이 될 것입니다. 또한 통치자는 민심의 동향에 귀 기울여야 한다는 교훈도 얻을 수 있을 것입니다. 이를 통해 기존에 가지고 있던 '수렴청정'에 대한 부정적인 인식이 굳어지게 될까 봐 다소 걱정이 됩니다만, 오히려 이를 반성의 기회로 삼는 것도 좋은 공부가 될 것이라고 생각합니다. 무엇보다 역사에서 그 활동을 가늠하기 어려웠던 여성의 정치적 역할을 공부하는 데 도움이 되기를 진심으로 기대합니다. 더불어 임꺽정이 제기한 소송에 한국사법정에서는 어떤 판결을 내릴 것인지 함께 생각해 봅시다.

임혜련

차례

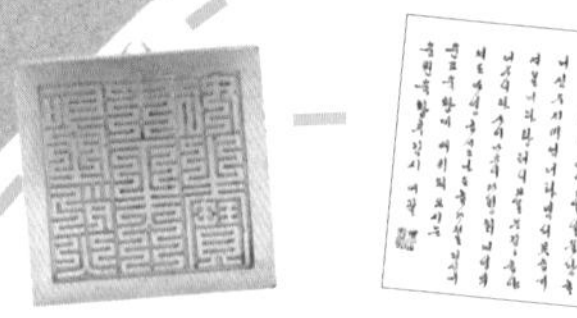

책머리에 | 5

교과서에는 | 10

연표 | 12

등장인물 | 14

프롤로그 | 18

미리 알아두기 | 24

소장 | 26

재판 첫째 날 문정 왕후는 어떻게 어린 왕을 대신하게 됐을까?

1. 명종은 어떻게 조선의 왕이 됐을까? | 30

2. 명종은 왜 문정 왕후와 함께 나라를 다스렸을까? | 45

3. 윤씨 집안의 싸움, 을사사화 | 56

휴정 인터뷰 | 70

재판 둘째 날 임꺽정은 왜 문정 왕후 시대에 나타났을까?

1. 명종 시대 백성의 삶은 어땠을까? | 76
2. 임꺽정은 의적일까, 역적일까? | 88
휴정 인터뷰 | 112
역사 유물 돋보기_수렴청정과 관계된 왕실의 유물 | 115

재판 셋째 날 문정 왕후는 수렴청정을 잘했을까?

1. 문정 왕후가 수렴청정을 해서 무엇이 변했을까? | 120
열려라, 지식 창고_첩의 자녀는 벼슬을 하면 안 되나요? | 135
2. 문정 왕후는 순순히 수렴청정에서 물러났을까? | 136
3. 문정 왕후는 명종에게 도움을 주었을까? | 142
휴정 인터뷰 | 149

최후 진술 | 152
판결문 | 158
에필로그 | 160
떠나자, 체험 탐방! | 164
한 걸음 더! 역사 논술 | 166
찾아보기 | 171

교과서
에는

훈구 세력과 사림 세력의 갈등은 계속되고 있었다. 때문에 사림 세력이 큰 피해를 입는 사화는 계속 되었다. 연산군 때의 무오사화·갑자사화를 비롯해 중중 때의 기묘사화, 명종 때에 을사사화가 있었다. 특히 명종 때의 을사사화는 왕실 외척 간의 권력 다툼 속에서 사림 세력이 큰 피해를 입은 사건이다.

중학교 | 역사

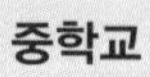

V. 조선의 성립과 발전
3. 사림 정치와 성리학 질서의 확립
(1) 사림 세력의 성장

VI. 조선 사회의 변동
1. 조선 후기 정치 운영의 변화
(1) 붕당 정치의 전개와 정치 제도의 변화

선조 때에 사림 세력이 정치를 주도한 이후, 동인과 서인의 붕당이 생겨나면서 붕당 정치가 시작되었다. 동인은 다시 남인과 북인으로 나뉘어졌다. 붕당 간의 경쟁이 치열해지면서 붕당 정치는 점점 변질되어 갔다. 현종 때에는 왕실의 의례인 상복 입는 기간을 둘러싸고 논쟁이 일어나기도 했다.

세조의 즉위로 공을 세운 훈구 세력은 대를 이어 고위 관직을 독점하면서 권세를 이용하여 농장을 확대해 나갔다. 이로 인해 백성의 생활은 더욱 궁핍해져갔다.

고등학교	한국사	Ⅱ. 고려와 조선의 성립과 발전 2. 유교 정치의 이상을 꽃피운 조선 (2) 사림, 새로운 정치 세력으로 등장하다

사림은 정치 주도권을 장악하면서 붕당이 형성되었다. 선조 때에 이르러서는 명종 때의 외척 정치의 잔재를 청산하는 문제를 둘러싸고 사림 간에 갈등을 빚기도 하였다.

한국사 연표

1501년	문정 왕후 출생
1506년	조선, 중종 즉위(~1544)
1510년	삼포왜란 발생
1517년	문정 왕후, 중종과 국혼
1519년	조광조와 사림 세력들이 위훈 삭제 운동 주장 기묘사화 발생
1544년	조선, 인종 즉위(~1545)
1545년	조선, 명종 즉위(~1567) 문정 왕후, 수렴청정 시작(~1533) 을사사화 발생
1555년	을묘왜변 발생
1557년	단경 왕후 사망
1559년	임꺽정의 난 발생
1562년	임꺽정 체포 및 사형
1565년	문정 왕후 사망, 윤원형 탄핵 후 사망

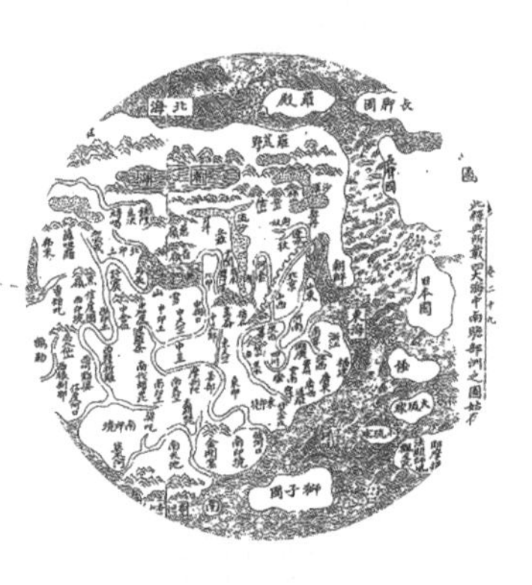

세계사 연표

1501년	아메리고 베스푸치, 제3차 탐험 항해
1513년	마키아벨리, 『군주론』 출간
1517년	독일, 루터의 종교개혁 시행
1519년	마젤란, 세계일주 시작
1534년	헨리 8세, 영국 국교회 성립
1543년	코페르니쿠스, 지동설 주장
1562년	프랑스, 위그노 전쟁 발발(~1598)

등장인물

원고 **임꺽정(林巨正, 출생 연도 미상~1562년)**

조선 중기 때 살았던 의적 임꺽정입니다. 조선 명종 시절에 곡식과 재물을 훔쳐 가난한 백성들에게 나눠 주었지요. 문정 왕후가 수렴청정을 하면서 윤원형과 왕의 친척들이 권력을 쥐고 백성들을 괴롭혔기 때문에 어쩔 수 없이 도둑질을 한 거예요. 그런데 내가 역적이라니! 억울합니다.

원고 측 변호사 **김딴지**

딴죽 걸기의 명수 김딴지 변호사입니다. 나는 사람들에게 알려진 역사가 완전한 진실이라고 믿지 않아요. 패자의 목소리에 귀 기울이며 잘못 알려진 사실을 바로잡을 것입니다.

원고 측 증인 **이언적**

나 이언적은 조선 중기의 유학자로 평생 성리학을 공부했습니다. 문정 왕후와 훈척들이 조작한 '양재역 벽서 사건'으로 귀양을 가서 죽었습니다. 죽고 나서 나의 학문이 인정받아 문묘에 배향되었습니다.

원고 측 증인 **강출납(가상의 인물)**

나는 승정원 승지 강출납입니다. 왕의 옆에서 항상 함께 있다가 신하들이 왕에게 올리는 의견 및 상소와 왕이 내리는 명령을 받아 시행하도록 합니다. 사관과 함께 조정의 모든 일은 나를 통하는만큼 수렴청정의 실상을 누굽돠 잘 알고 있습니다.

원고 측 증인 **전직필(가상의 인물)**

나는 사관 전직필입니다. 실록의 기초가 되는 사초를 매일 기록하는 일을 했었죠. 비가 오나 눈이 오나 늘 왕의 옆에서 기록을 하기 때문에 조정의 일에 대해서 모르는 게 없어요. 문정 왕후가 어떤 사람이었는지 오늘 이 자리에서 밝히겠습니다.

등장인물

피고 **문정 왕후(1501년~1565년, 수렴청정 기간 : 1545년~1553년)**

조선의 제13대 왕인 명종의 어머니예요. 나는 어려서부터 똑똑해서 글공부를 좋아했지요. 1517년(중종 12)에 왕비가 되었고, 1545년 35세에 낳은 아들 명종이 12세의 나이로 왕위에 오르자 수렴청정을 했지요. 비록 명종에게 따뜻한 엄마는 아니었지만, 나라를 다스리는 방법에 대해 제대로 가르쳤죠. 조선 역사상 가장 힘 있는 왕비는 바로 나 아닌가요?

피고 측 변호사 **이대로**

나는 역사공화국에서 둘째가라면 서러운 이대로 변호사입니다. 기존의 역사적 평가는 다 이유가 있다고 생각합니다. 왜냐하면 역사적 진실은 쉽게 변하는 것이 아니기 때문이죠.

피고 측 증인 **윤원형**

문정 왕후의 동생 윤원형입니다. 조선 중기의 문신으로 소윤의 대표입니다. 명종이 즉위한 후 문정 왕후를 도와 정치에 참여했지요. 임꺽정은 개인의 욕심을 위해 도적질을 하고, 많은 사람들을 죽여서 조선 사회를 혼란스럽게 한 반란자입니다.

피고 측 증인 **서림**

나는 2년 동안 임꺽정 부하로 있었던 서림입니다. 나는 관군에게 잡힌 후 나라를 위해서 임꺽정에 대한 정보를 제공했어요. 배신자는 내가 아니라 임꺽정입니다. 임꺽정은 의적이 아니라 욕심 많은 일개 도둑일 뿐입니다.

판사 **정역사**

나는 역사공화국에서 공정하기로 소문난 정역사 판사입니다. 역사 속 승자와 패자의 이야기를 모두 듣고 가장 현명한 판결을 내리기 위해 노력하겠습니다. 이번 재판도 기대해 주세요.

프롤로그

"임꺽정과 문정 왕후가 역사공화국에서 되살아나다"

오늘은 김딴지 변호사가 1박 2일간의 기차 여행을 마치고, 역사공화국으로 돌아오는 날이다. 역사공화국은 어떤 곳일까? 역사공화국은 역사적으로 위대한 활동을 펼친 인물부터 사람들의 비난을 받는 인물까지 다양한 영혼들이 살고 있는 곳이다. 또한 지난 역사에서 패자로 평가받은 영혼들이 자신의 명예를 회복하고자 소송을 제기하는 곳으로도 유명하다.

김딴지 변호사는 기차에서 내려 콧노래를 부르며 플랫폼을 걸어갔다.

'이제 다시 사무실로 가서 다음 재판을 준비해 볼까?'

활짝 웃으며 걸어가던 김딴지 변호사는 기차역에 설치된 대형 텔레비전 앞에 멈춰 섰다. 많은 사람들이 뉴스를 보며 혀를 찼다.

"세상에! 병든 어머니가 잣죽이 먹고 싶다고 했는데 실업자인 아들이 돈 몇천 원이 없어 잣을 훔치다 잡혔대."

"쯧쯧쯧. 가난이 죄여!"

그때였다. 한 대학생이 김딴지 변호사를 알아보고 인사를 했다.

"안녕하세요. 최만리 대 세종 대왕의 재판에 참석했던, 김한국 학생인데요. 기억하시겠어요?"

"물론이죠. 기억나요."

"네! 마침 궁금한 게 있었는데, 변호사님께 여쭈어 볼게요. 돈이 없어서 어쩔 수 없이 도둑질을 하게 된 저 사람도 벌을 받아야 하나요? 어찌 보면 도둑질을 하게 된 것은 효심(孝心) 때문인데……."

김딴지 변호사는 긴 한숨을 토해 냈다.

"잣을 훔친 것은 분명히 잘못한 거예요."

"그래도 아픈 어머니 때문에 어쩔 수 없이 훔친 거잖아요."

"휴! 잣을 훔친 사연은 정말 안타깝지만 처벌은 피할 수 없어요. 죄를 지은 건 사실이니까요."

잠시 후 사무실로 돌아온 김딴지 변호사는 깊은 생각에 잠겼다.

똑똑, 똑똑똑!

갑자기 누군가 사무실의 문을 두드렸다.

"들어오세요. 어머나! 깜짝이야."

문을 열어 주던 송역사 사무원이 깜짝 놀라 김딴지 변호사 뒤로 몸을 숨겼다. 복면으로 얼굴을 가린 우람한 체구의 한 사내가 들어왔기 때문이다.

"도대체 당신은 누구죠? 왜 얼굴을 가린 거죠? 도둑은 아닌 것 같고, 도대체 누구시죠?"

"나는 조선 명종 시절에 의적으로 이름을 높인 임꺽정입니다."

"도, 도, 도둑, 임꺽정? 어머나 세상에! 변호사님, 우리 도망가요!"

"도둑이라니! 말조심해요!!"

김딴지 변호사가 나서서 서둘러 사태를 진정시켰다.

"임꺽정 씨! 진정하세요. 나는 당신을 잘 알아요. 지체 높은 양반들의 재물을 빼앗아 굶주린 백성들에게 나누어 줬던 의적 임꺽정이잖아요! 결국 잡혀서 사형을 당했지만……."

"나를 알다니! 당신이 김딴지 변호사인가요?"

"네. 제대로 찾아오셨군요. 그런데 무슨 일로 오셨나요?"

"억울한 게 있어서 왔습니다. 나는 도둑질을 하고 싶어서 한 게 아닙니다. 내가 살았던 명종 시대에는 문정 왕후가 수렴청정을 하면서 외척들이 권력을 갖게 되었어요. 외척들은 자신들의 재산을 늘리기 위해서 백성들을 마구 괴롭혔어요. 그래서 내가 그들에게서 빼앗은 곡식과 재물을 백성들에게 나눠 주었지요."

"임꺽정 당신이 보통 좀도둑들과 다르다는 사실은 잘 알고 있습니다. 그렇지만 도둑질은 범죄라고요. 도둑질을 하게 된 사연이 어찌 되었든지 간에 죄를 지은 것은 맞잖아요."

"그래요. 도둑질은 나쁜 거예요. 그렇지만 내가 죽은 후에도 사람들이 '임꺽정은 도둑이다.'라고 말하며 손가락질할 때는 정말 화가 났죠. 그러나 만약 문정 왕후가 조선을 잘 다스렸다면 나는 결코 도

김딴지 변호사
도둑이라는 꼬리표를 떼고 싶어요! 흑흑~! 난 의적 이라고요!
임꺽정 씨! 일단 진정하세요.
00신문사
"가난이 죄인가? 병든 어머니가 잣죽을 드시고 싶다고 해서 슈퍼에서 잣을 훔친 남자 쇠고랑 차다!!"

둑이 안 됐을 거예요."

"음, 그렇다고 해서 당시 모든 백성들이 도둑이 된 건 아니잖아요."

"그래서 변호사님을 찾아왔어요. 내가 도둑이 될 수밖에 없었던 이유를 낱낱이 밝히고 싶어서죠. 그러면 사람들이 내가 왜 도둑질을 하게 되었는지 이해하게 될 것입니다. 이렇게 해서라도 '도둑'이라는 꼬리표를 떼고 싶어요. 도와주십시오."

"쉽지 않겠지만 최선을 다할게요. 당신이 '도둑'이 아닌 '의적'으로 재평가받을 수 있도록 어디 한 번 해 봅시다!"

임꺽정은 환하게 웃으며 고개를 끄덕였다. 이에 김딴지 변호사와 송역사 사무원도 미소를 지었다.

미리 알아두기

어린 왕을 도와 정치에 참여하다!
조선의 '수렴청정'

수렴청정(垂簾聽政)이란, 어린 나이의 임금이 즉위했을 때 왕대비나 대왕대비가 어린 임금과 함께 나라를 다스리는 정치 제도입니다. 어린 왕이 성장해서 스스로 나라를 운영할 수 있을 때까지 도와주는 것이지요. 이때 어린 임금과 수렴청정을 하는 왕대비나 대왕대비 사이의 공간을 분리하기 위해서 쳤던 것이 '발'입니다. 성리학적 유교 질서를 중시하는 조선에서는 여자와 남자가 유별한데 왕대비가 신하들과 한 공간에 함께 있는 것은 옳지 못하다고 생각했기 때문이지요.

조선 시대에는 6명의 왕비가 모두 7번의 수렴청정을 했었습니다. 처음 수렴청정을 한 왕비는 정희 왕후입니다. 성종이 13세에 즉위하자 대왕대비였던 정희 왕후가 8년간 수렴청정을 했지요.

또한 명종이 12세에 즉위하자 대왕대비였던 문정 왕후가 무려 9년간 수렴청정을, 그리고 선조가 16세에 즉위했을 때 인순 왕후가 8개월간 수렴청정을 했습니다. 19세기 이르러서는 수렴청정이 자주 시행됐습니다. 순조가 11세에 즉위하자 대왕대비였던 정순 왕후가 4년간 수렴청정을 하였고, 또한 순원왕후는 8세에 즉위한 헌종과 19세에 갑자기 왕이 된 철종, 두 차례 수렴청정을 했어요. 조선의 역사에서 마지막으로 수렴청정을 한 사람은 신정 왕후예요. 고종이 왕위에 오르자 수렴청정을 했지요.

이처럼 수렴청정은 여성이 어린 임금을 도와 나라를 다스렸다는 데 큰 의미가 있다고 할 수 있습니다. 하지만 훗날 강력한 수렴청정을 펼친 여성들에 대한 과거 역사학자들의 평가는 아주 냉혹합니다. 이는 조선의 전통 유교 질서 하에서 이러한 여성들은 총명하고 똑똑한 여성이기 보다 오로지 권력만을 쫓은 인물로 묘사되는 게 보통이기 때문이지요.

『명종실록』에 다음과 같은 기록이 이를 뒷받침하고 있습니다. "윤비(尹妃)는 사직의 죄인이라고 할 만하다. 《서경(書經)》 목서(牧誓)에 '암탉이 새벽에 우는 것은 집안의 다함이다' 하였으니 윤씨(尹氏)를 이르는 말이라 하겠다."

원고 | 임꺽정	대리인 | 김딴지 변호사
피고 | 문정 왕후	대리인 | 이대로 변호사

청구 내용

본 고소인은 억울하게 죽임을 당한 의적들을 대신하여, 문정 왕후를 권력 남용과 명예 훼손 및 부정부패를 저지른 죄로 고소합니다. 비록 백정의 신분으로 태어났지만 전혀 부끄럽지 않습니다. 조선을 사랑하는 마음이 그 누구보다 컸기 때문이지요. 그런데 역사는 나를 도둑이라고 매도하고, 무고한 사람들을 죽인 역적이라고 평가합니다. 물론 그런 행동을 한 것은 사실입니다. 그러나 그것은 크게 보면 조선과 가난한 백성들을 위한 것이었습니다.

아시다시피 내가 1559년(명종 14) 경기도, 황해도 일대에서 의적 활동을 할 때는 명종 시절이었는데요. 그때는 계속되는 자연재해로 백성들이 농사를 짓기 매우 어려웠습니다. 조정에서는 문정 왕후의 아들 명종이 열두 살의 나이로 왕이 되자, 문정 왕후가 수렴청정을 했었지요. 문정 왕후는 독단적으로 나라를 다스렸고, 윤원형과 훈척들은 문정 왕후의 권력을 방패 삼아 온갖 부정부패를 저질렀습니다. 대표적인 예로 윤원형과 훈척들은 농민들의 땅을 빼앗았고, 돈을 받고 벼슬을 내주었습니다. 또한 왕실의 내수사에서도 강제로 농민들의 토지를 빼앗았고, 결국 땅을 잃고 소작농으로 전락한 백성들은 고통스러운 생활고를 겪어야만 했지요. 우리 백성들은 생활고에 시달리다가 결국은 나처럼 고향을 떠나야 했습니다.

또한 문정 왕후는 유교 국가인 조선에서 불교를 진흥하였고, 이에 필요한 비용을 내수사의 재정으로 충당하였습니다. 그러다 보니 백성들은 예전보다 세금을 더 많이 내게 되었고, 국가에 공납을 하기 위해 방납의 피해를 겪어야 했어요. 나는 더 이상 가만히 보고만 있을 수가 없어 나라와 백성을 위해 의적이 되었습니다. 아무리 많은 시간이 지났어도 나의 억울함을 풀고 반드시 이에 대한 손해 배상을 받아야 한다고 생각합니다.

입증 자료

- 중학교 역사 교과서
- 고등학교 한국사 교과서

그 외 자료 추후 제출하겠음.

위 청구인 임꺽정

역사공화국 한국사법정 귀중

전하~
안 된다고
하세요.
네, 어머님!
그건 절대 안 된다~.
저 여우같은
문정 왕후!
어디 두고 보자.

재판 첫째 날

문정 왕후는 어떻게 어린 왕을 대신하게 됐을까?

1. 명종은 어떻게 조선의 왕이 됐을까?
2. 명종은 왜 문정 왕후와 함께 나라를 다스렸을까?
3. 윤씨 집안의 싸움, 을사사화

교과연계

역사
V. 조선의 성립과 발전
3. 사림 정치와 성리학 질서의 확립
(1) 사림 세력의 성장

1

명종은 어떻게 조선의 왕이 됐을까?

"백정 임꺽정이 문정 왕후를 고소했대!"

"뭐, 뭐라고? 세상에나! 임꺽정은 양반들의 곡식과 비단 등을 훔친 도적이 아닌가! 게다가 백정의 신분으로 감히 문정 왕후를 고소하다니! 나 참, 어이가 없군."

"하지만 임꺽정이 살았던 명종 시절에 문정 왕후와 그녀의 친동생 윤원형의 횡포가 심했던 것은 사실이잖아. 문정 왕후는 경원 대군이 열두 살이라는 어린 나이로 왕위에 오르자 수렴청정을 시작했지. 그러고 나서 윤원형과 함께 반대 세력을 모조리 제거했어. 아주 무시무시한 어머니였지. 그뿐만이 아니야. 윤원형은 권세를 이용해 백성들의 땅을 빼앗고, 온갖 비리를 저질렀었지……."

"자네 말은 문정 왕후 때문에 임꺽정이 도적이 됐다는 말인가?"

"음, 그렇다고 할 수 있지. 왜냐하면 당시 백성은 임꺽정을 의적(義賊)이라고 불렀거든."

"의적이라고?"

"그래. 임꺽정이 훔친 재물과 곡식을 가난하고 굶주린 백성들에게 나눠 주었기 때문이지."

"말도 안 돼! 임꺽정은 그냥 도둑일 뿐이야!"

"모두 조용히 하세요. 정역사 판사님께서 입장하십니다!"

검은 법복을 입은 정역사 판사가 걸어 나와 자리에 앉았다. 진지한 표정으로 법정 안을 한번 둘러본 판사는 원고 임꺽정과 피고 문정 왕후를 번갈아 바라보았다.

수렴청정
나이 어린 왕이 왕위에 올랐을 때 성인이 되어 스스로 나라를 운영할 수 있을 때까지 대왕대비나 왕대비가 왕과 함께 국정을 처리했던 일을 뜻합니다.

의적
탐관오리들의 재물을 훔쳐다가 가난한 백성을 도와주는 의로운 도적을 뜻합니다.

척신
왕과 인척 관계에 있는 신하로 외가 출신 관료는 외척, 처가와 사돈 출신 관료는 척신이라고 합니다.

판사 원고 측 변호인, 오늘의 사건은 무엇인가요?

김딴지 변호사 이번 사건은 조선 명종 시절에 의적으로 이름을 날렸던 임꺽정이 명종의 친어머니로 수렴청정을 하였던 문정 왕후를 상대로 제기한 소송입니다. 임꺽정이 문정 왕후에게 소송을 제기한 이유는 이렇습니다. 문정 왕후가 수렴청정을 하면서 권력을 잡았고, 이를 바탕으로 척신(戚臣)들이 권세를 누리며 부정부패를 저질러 결국은 백성들이 살기 힘들어졌습니다. 원고 임꺽정은 자신이 도적이 된 것은 문정 왕후와 척신들의 잘못이라며 이 책임을 묻겠다고 합니다.

판사 음, 그러니까 임꺽정이 도적이 된 이유는 당시 조선을 지배했던 문정 왕후와 척신들의 잘못된 정책 때문이라는 거군요.

천민
조선 시대는 신분제 사회였는데 그중 가장 낮은 계급을 말합니다.

김딴지 변호사　그렇습니다.

판사　그런데 원고와 피고의 신분 차이가 많이 나는 것으로 보아 두 사람이 직접적인 관련은 없을 것 같은데요?

김딴지 변호사　물론 신분 차이는 많이 납니다. 원고 임꺽정은 천민(賤民)이고, 문정 왕후는 조선의 제11대 왕인 중종의 세 번째 왕비입니다. 어떤 분은 감히 천민이 왕비를 상대로 소송을 한다고 큰 불만을 가질지 모르지만, 법 앞에서는 지위의 높고 낮음과는 상관없이 누구나 다 평등합니다. 그리고 아직도 많은 지상 세계의 사람들은 임꺽정이 폭력적이고 잔인한 도적이었다고 알고 있는데, 과연 그럴까요? 그렇다면 원고는 왜 도적이 됐을까요? 바로 피고 때문이죠. 이 부분에 대해 분명히 밝혀 도적이란 오명을 벗고자 소송을 제기한 것입니다. 원고의 억울함을 풀고자 합니다. 원고는 도적이 아니고 의적입니다.

그 순간 법정 안이 술렁거렸다.

"어떤 이유로도 남의 물건을 훔치는 것은 정당화될 수 없어!"

"그러게나 말이야. 아마 임꺽정이 그때 잡히지 않았다면, 평생 도둑질만 하고 살았을 거야."

"얼마나 백성을 못살게 굴었으면 도적이 되었을까?"

"그래도 도적이 아니라 의적이라잖아."

판사　모두 조용히 하세요. 원고 측 변호인 더 하고 싶은 말이 있나요?

김딴지 변호사 네, 판사님. 이 부분에 대해 원고의 말을 직접 들어 봤으면 합니다.

판사 좋습니다. 원고의 발언을 허락합니다.

김딴지 변호사 원고는 우선 간단한 자기소개를 해 주세요.

임꺽정 안녕하십니까? 이번 재판을 신청한 원고 임꺽정이라고 합니다. 원래 나의 이름은 임꺽정이 아니었어요. 사람들은 백정인 나를 임거정(林巨正) 또는 임거질정(林巨叱正)이라고 아무렇게나 불렀어요. 그런데 어느 날 포졸들이 나타날 때마다 내가 '꺽지'처럼 매우 날쌔고 용맹스럽게 물속으로 사라져서 '임꺽지'라고 부르곤 했어요. 아, '꺽지'는 한탄강에 사는 물고기입니다. 여차여차해서 지금은 '임꺽정'이라고 불리지요. 다들 편하신 대로 부르십시오.

백정
소, 개, 돼지 등의 가축을 도살하는 직업을 가진 사람을 뜻합니다. 조선 1425년(세종 7) 때 이 천민 계급에 대하여 관에서 내린 칭호를 말합니다.

원고 임꺽정의 우렁찬 목소리가 법정 안에 울려 퍼졌다. 임꺽정의 눈빛에는 억울함을 밝히기 위한 결연함과 총명함이 묻어나고 있었다. 원고 임꺽정의 카리스마 넘치는 모습에 방청석은 숨을 죽이고 그의 얼굴만 쳐다보고 있었다.

김딴지 변호사 원고, 자기소개를 계속 하세요.

임꺽정 ▶네, 나는 양주에서 당시 조선에서는 가장 천시받는 백정(白丁)의 아들로 태어났습니다.

김딴지 변호사 그렇군요. 그런데 왜 당신은 도적이란 소

교과서에는

▶ 조선은 신분을 양인과 천인으로 구분하는 양천 제도가 시행됐었어요. 양인은 벼슬길에도 오를 수 있었고, 조세와 국역 등의 의무도 지녔지요. 천인은 벼슬길에 나아갈 수 있는 양인과 노비보다도 낮은 대우를 받을 정도로 비참한 삶을 살았지요.

신분이 낮은 백정이다! 다 같이 돌을 던지자.
백정 입꺽정이다!
저리 가서 놀아!
쳇! 양반이든 백정이든 그게 무슨 상관이라고!
양반
양인
천인

리를 듣게 되었죠?

임꺽정 내가 처음으로 도적질을 한 곳은 황해도 봉산이에요. 이곳은 갈대밭으로 이루어졌기 때문에 농사를 짓는 것이 힘들었어요. 그래서 나 같은 천민이나 양인들은 갈대로 빗자루, 삿갓, 그릇 등을 만들어서 판 돈으로 생활을 연명했죠. 그런데 돈 많은 양반들이 간척지 개발을 핑계로 갈대밭을 빼앗았어요. 그러고 나서 그 땅에서 수확한 갈대를 우리 백성들에게 팔았습니다. 예전에는 공짜로 얻을 수 있었던 갈대였는데……, 아직도 생각하면 화가 치밀어 오릅니다. 할 수 없이 백성들은 돈을 주고 산 갈대로 그릇, 삿갓 등을 만들어 팔았지만 한 푼도 남지 않았어요. 왜냐하면 갈대 가격이 너무 비쌌으니까요. 그래서 백성의 삶은 점점 어려웠습니다. 하지만 백성을 내 자식처럼 아껴야 할 조선의 왕과 왕비, 그리고 벼슬아치들은 가난한 백성들의 삶을 모르는 척하였습니다! 그러고도 그들이 이 나라의 아버지와 어머니라고 할 수 있나요……. 내가 관아를 습격해서 훔친 곡식과 재물을 가난한 백성들에게 나눠 준 것이 사형을 받을 만큼 큰 죄입니까?

양인
조선 시대에 양반과 천인의 중간 신분을 말합니다. 같은 의미의 단어로 '양민'이 있습니다.

간척지
원래는 바다, 하천이었으나 물을 빼내어 육지로 만든 땅을 말합니다. 우리나라의 주요 간척지로는 시화호 간척지가 있는데요. 이러한 간척 사업은 긍정적인 부분도 있지만 환경 오염이라는 부정적인 부분도 있지요.

원고는 부들부들 몸을 떨며 무섭게 피고를 노려보았다. 그런 원고의 모습을 불안한 눈으로 바라보던 김딴지 변호사가 천천히 자리에서 일어났다.

내수사
조선 시대에 왕실의 재정을 담당했던 관아를 뜻합니다. 주로 왕실에서 사용하는 쌀, 베, 각종 살림살이 등에 관한 일을 맡아 보는 곳입니다.

김딴지 변호사　존경하는 판사님, 보시다시피 지금 원고는 감정에 복받쳐 있습니다. 부디 넓은 마음으로 이해해 주실 것을 부탁드립니다.

판사　음, 좋습니다. 원고는 감정을 추스르고 계속 진행해 주시기 바랍니다.

임꺽정　죄송합니다. 옛날 생각이 나서 나도 모르게 그만……. 그럼, 계속 말하겠습니다. 살길이 막막한 백성들은 조정에 상소문을 올렸지만 소용이 없었습니다. 설상가상으로 내수사(內需司)에서도 갈대밭을 빼앗아 농민들에게 갈대 장사를 했어요. 배고파서 굶어 죽는 사람들만 수백 명이 생길 정도로 조선 사회는 처참했지요. 나는 내가 죽더라도 더 이상은 지배층의 횡포를 보고만 있을 수 없었습니다!

금세 원고의 눈가가 촉촉하게 젖었다. 원고는 입술을 깨물며 말을 이어갔다.

임꺽정　하지만 부하 서림의 배신 때문에 사형을 당했지요. 그 당시 백성들은 나를 의적이라 불렀는데, 역사는 도적으로 기록하더군요. 나를 도적으로 만든 것은 다름 아닌 피고와 그의 척신들입니다.

문정 왕후　천한 백정이 감히 누구 앞에서 큰소리를 치는 게냐?

피고 문정 왕후가 자리에서 벌떡 일어나 눈을 부릅뜨고 카랑카랑한 목소리로 한마디 내뱉었다.

판사 이곳은 신성한 법정입니다. 피고는 목소리를 낮추세요.

이대로 변호사 존경하는 판사님, 피고의 입장을 좀 헤아려 주십시오. 왕족인 피고에게는 천한 백정으로부터 소송을 당했다는 사실 자체가 매우 불쾌할 수 있습니다. 부디 너그럽게 이해해 주세요.

판사 물론 그 사정을 알고 있지만 법 앞에서 모든 사람은 평등합니다. 그러므로 과거 조선의 대왕대비였던 피고는 특별히 주의하기 바랍니다.

임꺽정 으하하! 거, 대왕대비님, 판사님 말씀처럼 체통(體統)을 지키셔야 하는 거 아닙니까?

문정 왕후 무, 무어라? 저, 저런 배은망덕(背恩忘德)한…….

배은망덕
남에게 입은 은혜와 덕을 배신하는 것을 뜻합니다.

반란
정부 또는 한 나라의 지도자에게 반대하여 내란을 일으키는 행위를 뜻합니다.

권세가
권력과 세력 모두를 갖고 있는 사람을 의미합니다.

피고가 뒷덜미를 잡고 비틀거렸다. 피고는 법정 경위들의 부축을 받으며 겨우 자리에 앉았다.

판사 재판 첫째 날부터 매우 소란스럽군요. 모두 진정하고 재판에 임해 주세요. 원고 측 변호인은 계속하세요.

김딴지 변호사 네, 판사님. 원고가 반란(叛亂)을 일으킨 것은 결국 권세가와 내수사에서 백성들의 토지를 빼앗았기 때문입니다. 그래서 백성들은 원고를 의적이라 불렀습니다. 물론 원고로 인해 조선을 위기로 몰아넣은 것에 대해 어느 정도 인정합니다. 하지만 명종 시

반정공신
연산군을 몰아내고 중종을 왕위에 오르게 한 공을 세운 사람들을 말합니다.

대의 사회는 원고가 나타나기 전부터 매우 혼란스러웠습니다. 그 이유가 무엇이었을까요? 바로 지배층의 무능력함 때문이었죠. 그렇다면 여기서 지배층이 누구였으며, 그들의 역할은 무엇이었는지 알아볼 필요가 있습니다. 왜냐하면 임꺽정이 의적으로 활동하게 된 배경에는 지배층과 깊은 관련이 있으니까요.

판사 원고가 도적이 된 이유가 당시 지배층 때문이라는 말인가요?

김딴지 변호사 그렇습니다. 이와 관련해서는 조선 중기의 조정에 대해 알아보고 넘어가야 할 것 같습니다.

판사 좋습니다.

김딴지 변호사 피고 문정 왕후는 열일곱 살에 중종의 부인이 되어 궁궐로 들어와 공주 네 명을 낳았지요. 그러다 뒤늦게 아들 하나를 낳았는데 그 아들이 바로 조선 제13대 왕 명종이죠.

판사 그렇다면 피고는 조선 제11대 왕 중종의 부인이군요. 중종께서는 부인이 있었을 텐데, 피고가 어떻게 왕비가 되었죠?

김딴지 변호사 중종에게는 세 명의 왕비와 아홉 명의 후궁이 있었어요. 첫 번째 왕비는 단경 왕후 신씨였는데, 중종이 반정으로 왕위에 오른 후 반정공신(反正功臣)들에 의해서 쫓겨났지요. 그리고 그 자리는 후궁이었던 장경 왕후 윤씨가 차지하게 되죠. 장경 왕후는 아들을 하나 낳았는데, 그가 조선 제12대 왕 인종입니다. 그런데 장경 왕후는 인종을 낳고 6일 만에 세상을 떠났고 이로 인해 조선은 새로운 왕비를 뽑아야 했어요. 그때 새로 뽑은 왕비가 바로 피고입니다.

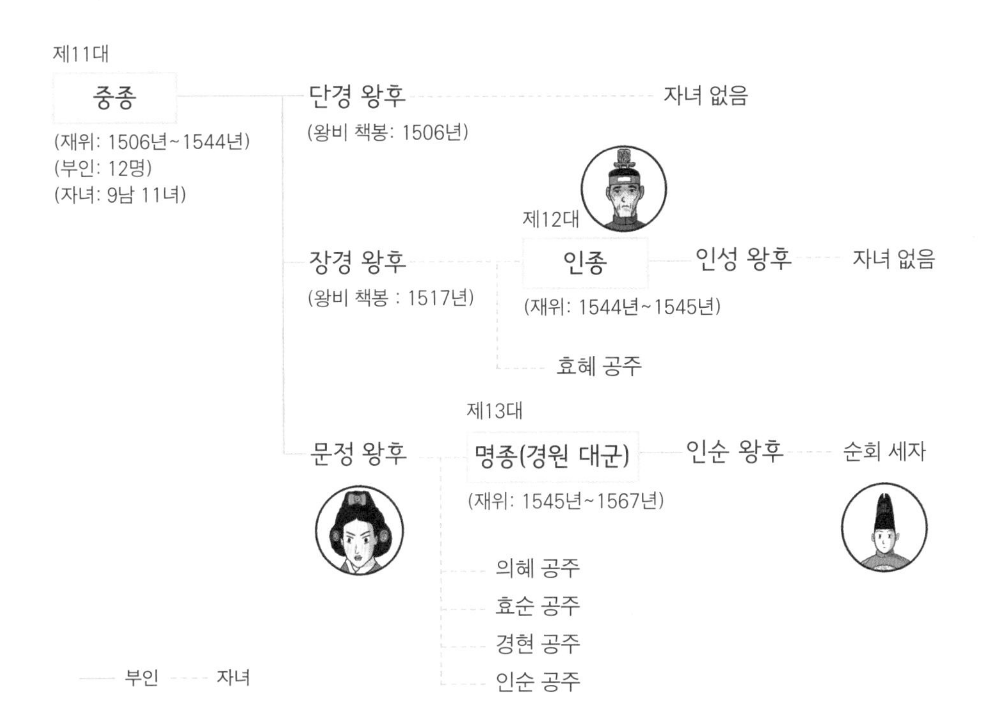

판사 그렇군요. 그런데 한 가지 궁금한 것은 장경 왕후는 후궁에서 왕비로 올라갔는데, 피고는 후궁도 아니었으면서 어떻게 왕비가 되었죠?

김딴지 변호사 중종 이전에 즉위했던 조선의 왕들은 첫 왕비가 죽으면 후궁 중에서 왕비를 뽑았습니다. 연산군을 낳은 폐비 윤씨도 원래 후궁이었죠. 그런데 장경 왕후가 사망한 이후 왕비를 뽑는 방식에 변화가 생겼습니다. 왜냐하면 조선은 성리학적 유교 이념을 근본으로 삼았기 때문이죠. 그래서 유교

폐비 윤씨
연산군의 어머니로 1473년 성종의 후궁으로 간택되어 성종의 총애를 받았습니다. 1474년 공혜 왕후 한씨가 죽자 왕비로 책봉되었고 그해에 세자 융, 즉 연산군을 낳았습니다.

이념이 자리를 잡아 가면서 후궁을 왕비로 삼지 않으려는 방향으로 바뀌었어요.

계비
임금이 부인과 사별 후 다시 장가를 가서 맞이한 부인을 뜻합니다.

판사 다른 이유는 없었나요?

김딴지 변호사 있었습니다. 중종이 왕위에 올랐을 때 많은 후궁들이 있었습니다. 대부분의 후궁들은 중종을 왕위에 오르게 한 공신들의 딸이었습니다. 후궁 중에서 새 왕비를 뽑는다면, 안 그래도 약해진 왕권이 더 약해질 것은 뻔했습니다. 다시 말해서 왕권 강화를 위해서 새 왕비를 후궁 중에서 뽑지 않았던 것이죠.

판사 신하들의 반대는 없었나요?

김딴지 변호사 왕이 즉위한 후 계비(繼妃)를 두 번이나 새로 뽑는 일은 조선에서는 처음 있는 일이었어요. 무슨 일이든지 간에 첫 시작에는 항상 걱정이 앞서는 법이죠. 당시 피고를 왕비로 뽑을 때 신하들 사이에서 논란이 있었어요. 특히 중종의 사랑을 듬뿍 받고 있었던 경빈 박씨는 왕비가 되고 싶어 했지요. 그럼에도 피고가 왕비가 됐어요. 중종이 공신과 신하들의 반대 속에서도 꿋꿋하게 왕비를 새롭게 뽑자는 사림의 의견을 존중했기 때문입니다. 왕비가 된 피고가 낳은 아들이 바로 명종입니다. 그런데 이때부터 피고는 잔인하게 변해 갑니다.

이대로 변호사 이의 있습니다. 지금 원고 측 변호인은 피고에 대해 인신공격을 하고 있습니다. 이것은 신성한 법정을 모독하는 행위입니다.

판사 인정합니다.

김딴지 변호사 음……, 주의하겠습니다. 하지만 문정 왕후는 정말 무서운 왕비였습니다. 자신의 친아들인 경원 대군을 왕으로 만들기 위해서 수단과 방법을 가리지 않았어요. 또한 당시 세자였던 인종을 쫓아내려고 '작서의 변'을 일으켰지요. 세자의 생일이었던 1527년(중종 22) 2월 25일, 불에 탄 쥐 한 마리가 세자의 궁궐에서 발견되었어요. 세자의 생일날 죽은 쥐가 발견됐다는 것은 누군가가 세자를 저주한 거죠. 며칠 후 이번에는 중종의 침실 쪽에서 불에 탄 쥐가 발견됩니다. 그리고 이 모든 것이 피고가 꾸민 것이라는 소문이 돌았죠.

상소
신하들이 임금에게 올리는 글을 말합니다.

이대로 변호사 이의 있습니다. 지금 원고 측 변호인은 어떤 증거도 없이 피고를 죄인으로 몰아가고 있습니다. 원고 측의 주장대로 피고가 '작서의 변'을 일으켰다면 그 죄를 물으라는 상소가 빗발쳤을 것입니다. 하지만 그런 상소는 단 한 건도 없었습니다. 또한 그 사건의 범인으로 경빈 박씨가 지목되어 복성군과 함께 사약을 받고 죽었습니다.

김딴지 변호사 경빈 박씨가 '작서의 변' 사건의 범인으로 지목됐지만 사실 증거는 없었습니다. 내 자식이 잘되기를 바라는 마음 열 번 스무 번 이해합니다. 하지만 내 자식 잘되라고 남의 자식을 미워하고 저주하는 것은 옳지 못한 일이죠.

판사 양측 변호인, 목소리를 낮추세요. 그리고 피고 측 변호인에게 묻겠습니다. 인종이 경원 대군을 왕위에 올리라는 유언을 남겼다는 것이 사실인가요?

이대로 변호사 그렇습니다. 1544년(중종 39) 11월 20일 왕위에 오른 인종은 조선의 임금 중에서 가장 짧은 기간 동안 왕위에 있었지요. 인종은 재능과 인품, 효심까지 뛰어났던 왕이어서 더 안타까웠지요. 하지만 인종은 몸이 병약했고, 중종이 돌아가시자 큰 슬픔에 빠져 몸까지 상해 이듬해 서른한 살의 젊은 나이로 세상을 떠났지요. 유언으로는 피고의 아들 경원 대군을 왕위에 오르게 하라고 하셨죠……. 만약 인종이 정말 피고에게 괴롭힘을 받았다면 이런 유언을 남겼을까요?

김딴지 변호사 이의 있습니다. 지금 피고 측 변호인은 거짓말을 하고 있습니다. 인종은 병으로 죽은 것이 아닙니다. 이때 갑작스런 인종의 죽음을 둘러싸고 많은 논란이 있었는데요. 가장 유력한 것은 피고가 독살했다는 설입니다.

그 순간 방청객이 술렁거렸다.

"에이! 문정 왕후가 설마."

"인종이 자식을 두지 않은 것은 이복동생인 경원 대군에게 왕위를 물려주기 위한 것이었다는 소문도 들었는데, 사실일까?"

"그렇지. 인종을 낳고 6일 만에 세상을 떠난 장경 왕후가 이 사실을 알게 되면 얼마나 슬플까?

그때였다. 김딴지 변호사가 말을 이었다.

김딴지 변호사 독살설의 내용은 이러합니다. 효심이 지극한 인종

전하~ !
흐흑흑~!
전하~ 젊으신 나이에
이게 무슨 일이옵니까?
어서 일어나옵소서!
이제야 드디어
우리 아들이
왕이 되는군!
엉엉! 형님!
얼른
일어나세요.
으윽, 다아… 으음 왕은
바로 경원 대군이다!

야사
민간에서 기록한 역사를 말합니다. 정사와 대비되는 의미로 쓰입니다.

정사
근대 이전 씌어진, 국가에서 공식적으로 인정한 역사서를 가리키는 말입니다. 주로 관(官)의 주도로 씌어지며, 제도와 국가 운영에 대한 자료가 풍부합니다.

적장자
첩 또는 후궁이 인정되던 가족 제도에서 첫 아내인 본처가 낳은 맏아들을 뜻합니다. 적장자 제도는 조상의 제사를 승계하는 사람을 선정하는 데 필요했지요.

이 어느 날과 같이 피고에게 문안 인사를 갔는데, 그날따라 피고는 평소와 다르게 웃으며 인종을 반겼죠. 떡을 주면서까지……. 아무런 의심도 없이 떡을 받아먹은 인종은 그날 이후로 갑자기 앓다가 숨을 거두게 됩니다. 아마 그 떡이 문제였다고 생각됩니다.

이대로 변호사 원고 측 변호인의 이야기는 야사(野史)일 뿐입니다. 물론 야사에 기록된 이야기도 어느 정도 일리는 있습니다만 역사 전문 변호사라면 야사보다는 정사(正史)로 말해야죠. 정사에 의하면 인종은 즉위 초기부터 건강이 매우 나빴다고 합니다. 물론 왕위는 적장자가 계승해야 했습니다. 하지만 역대 왕들을 보면 장남이 아니면서 형의 뒤를 이어서 왕위를 계승한 경우도 많았어요. 경원 대군 역시 인종의 유언으로 왕위에 오른 겁니다. 피고와 인종의 사이가 나빴다면 그런 유언을 남길 리 없죠. 상식적으로 생각하면 쉽습니다.

2

명종은 왜 문정 왕후와 함께 나라를 다스렸을까?

이대로 변호사 판사님, 이번에는 경원 대군이 왕위에 오른 뒤, 친어머니였던 피고의 도움을 받을 수밖에 없었던 상황에 대해 알아보았으면 합니다. 이는 누구보다 당시 상황에 대해 잘 아는 피고의 말을 직접 들어 보았으면 합니다.

판사 받아들입니다.

이대로 변호사 피고는 조선 제13대 왕인 명종의 친어머니가 맞습니까?

문정 왕후 맞습니다. 아까 원고 측 변호사가 나에 대해서 설명하더군요. 뭐, 그래도 틀린 사실은 없었으니 자기소개를 따로 할 필요는 없을 것 같은데요.

이대로 변호사 동의합니다. 그럼 바로 피고를 신문하겠습니다. 피고는 명종이 왕위에 오르자 수렴청정을 했는데요. 명종이 왕이 될 자격이 충분한데 왜 수렴청정을 했나요?

문정 왕후　명종은 어려서부터 똑똑했고 왕이 될 자격이 충분했지만 나이가 너무 어렸어요. 나의 아들은 열두 살에 왕위에 올랐습니다. 열두 살이면 현재 초등학교 5학년입니다. 여러분, 왕이라는 자리가 어떤 자리입니까? 바로 한 나라를 이끌어 가는 대표 자리입니다. 그런 중요한 자리에 열두 살의 어린 왕이 앉는다면……, 과연 그 어린 왕이 왕 노릇을 잘할 수 있었을까요? 그래서 친엄마인 내가 나서게 된 것이지요.

이대로 변호사　열두 살이라, 정말 어린 나이의 왕이었군요. 어린 나이에 즉위한 왕은 명종밖에 없었나요? 그리고 왕이 어린 나이이면 전부 수렴청정을 했나요?

문정 왕후　▶명종 전에도 어린 나이에 왕위에 오른 경우가 몇 차례 있었어요. 우선 단종이 명종처럼 열두 살에 왕위에 올랐죠. 그런데 단종이 즉위했을 때는 수렴청정을 할 왕비가 없었어요. 왜냐하면 현덕 왕후가 단종을 낳고 바로 죽었기 때문이죠. 단종에게는 할머니도 없었어요. 다만 단종이 왕이 되었을 때 왕실에는 세종의 후궁이었던 혜빈 양씨만 있었어요. 혜빈은 어린 단종이 즉위한 후 장가를 가게 되자 그 절차를 진행시켰고, 단종을 보호하기 위해서 여러모로 노력했어요. 그렇지만 혜빈은 왕의 정식 왕비가 아니었기 때문에 수렴청정을 할 수 없었지요.

교과서에는

▶ 세종의 뒤를 이은 문종이 일찍 죽게 되자, 나이 어린 단종이 왕위에 올랐어요. 이로 인해 왕권은 크게 약화되었고, 정치 권력은 황보인, 김종서 등의 재상들에게 넘어갔지요.

경복궁 근정전은 경복궁의 외전으로 각종 국가 행사와 조회 등을 치르던 곳이다. 문정 왕후가 수렴청정을 했던 곳이다. (사진 제공: 박종진 숙명여대교수)

이대로 변호사 수렴청정이 필요했지만 할 수 없었던 상황이네요.

문정 왕후 그렇지요. 조선 시대에 어린 왕이 즉위했을 때 모두 수렴청정이 이루어 진 것은 아니었어요. 하지만 성종이 왕이 되었을 때에는 정희 왕후가 수렴청정을 했었습니다. 그런 예가 있어서 나도 수렴청정을 하게 된 것인데……. 어떤 사람들은 나의 지나친 욕심 때문에 수렴청정을 했다면서 나를 욕하더군요. 하지만 그것은 사실이 아니라고요. 왜냐하면 내가 죽고 나서도, 왕이 어린 나이에 즉위하면 왕대비나 대왕대비가 수렴청정을 했으니까요. 수렴청정은 하나의 정치 제도였습니다.

이대로 변호사 그렇습니다. 피고의 대답을 통해 수렴청정은 조선

원상
조선 시대에 왕이 죽은 뒤 즉위한 어린 임금을 보좌하여 업무를 맡았던 임시 벼슬을 말합니다.

시대 하나의 정치 제도였고, 피고가 수렴청정을 하는 데 문제가 전혀 없었음이 드러났습니다. 이상입니다.

판사 잘 알겠습니다. 수렴청정을 하게 된 배경을 피고의 진술을 통해 잘 파악할 수 있었습니다. 그렇다면 당시 수렴청정을 요청하는 사람들이 따로 있었습니까?

이대로 변호사 그렇습니다. 수렴청정은 원래 신하들이 요청하는 것입니다. 성종이 왕위에 올랐을 때도 원상(院相)이었던 신숙주, 한명회 등이 정희 왕후에게 수렴청정을 해 달라고 부탁했어요. 정희 왕후는 자신은 여자이기 때문에 할 수 없다고 거절했습니다. 유교 국가였던 조선에서 왕비를 포함해서 여인들은 조정의 일에 나서는 것을 부정적으로 생각했어요. 왕실에서는 가장 웃어른이 왕비나 세자빈, 후궁, 궁녀들을 다스렸어요. 다시 말해서 왕후의 가장 중요한 일은 왕실의 여성들을 책임지는 것이었어요. 그래서 정희 왕후는 당시 왕실에서 가장 어른인 대왕대비였지만 정치를 하지 않겠다고 한 것이었어요. 그렇지만 이미 한명회가 정희 왕후와 상의하여 왕을 성종으로 결정하였고, 수렴청정을 하기로 합의했던 것으로 보입니다. 신하들이 부탁하니 거절하다가 마지못해 수렴청정을 하게 된 것이지요.

판사 문정 왕후는 정희 왕후가 수렴청정을 했기 때문에 예전에 발생했던 사례를 따라서 결정한 건가요?

김딴지 변호사 피고는 좀 달랐습니다. 피고는 인종이 왕위에 올랐을 때에도 정치적으로 중요한 역할을 했어요. 중종의 상례(喪禮) 기간에 피고가 직접 상례의 진행 과정을 이끌 정도였습니다. 그런데 상례 기간 중 경원 대군이 크게 아픈 적이 있었는데, 그때는 아무도 곡소리를 못 내게 하였어요. 인종은 자신의 의붓어머니인 피고가 명령한 일이어서 특별히 문제 삼지 않았습니다. 이렇게 영향력이 컸던 피고는 명종이 열두 살에 즉위하자 수렴청정을 하겠다고 직접 말합니다.

상례
상중에 지키는 모든 예절을 뜻합니다.

판사　다른 신하들의 반대는 없었나요?

김딴지 변호사　존경하는 판사님, 그 부분에 대해서는 직접 피고의 말을 들어 보았으면 좋겠는데요. 허락해 주시겠습니까?

판사　좋습니다.

문정 왕후　영의정 윤인경이라고 아주 버르장머리 없는 신하가 있어요. 윤인경이 신하들을 모은 뒤 나와 인종의 왕비인 인성 왕후 중에서 수렴청정을 누가 할 것인가에 대해 다 같이 의논하자고 했지요. 하지만 당시 사림 세력도 내가 수렴청정을 해야 한다고 주장할 정도로, 다들 나를 높이 평가하고 있었어요. 무엇보다 시동생과 형수가 같은 공간에 앉아서 나라를 다스리는 것보다 엄마와 아들이 함께하는 게 더 낫다고 생각했기 때문이었지요.

판사　지금까지 문정 왕후가 수렴청정을 하게 된 당시 상황에 대해서 간략하게 알아보았습니다. 이번에는 원고 측 변호인이 신문하세요.

김딴지 변호사　네. 피고, 수렴청정이란 정확히 무엇인가요?

문정 왕후　신하들과 나라의 일을 논의할 때 어린 왕이 앞에 앉아

발
가늘고 긴 대를 줄로 엮은 뒤에 그것을 여러 개 나란히 늘어뜨려 만든 물건을 뜻합니다. 주로 무언가를 가리는 데 사용됩니다.

정사
나라의 행정상의 일이나 정치를 말합니다.

있고, 그 뒤에 발을 치고 대왕대비나 왕대비가 앉아 국정을 왕과 함께 처리하는 것, 이것이 바로 수렴청정이에요. '수렴'이란 발을 친다는 뜻이고, '청정'이란 정사를 듣는다는 뜻이지요. 즉, 발을 치고 왕과 함께 정치를 한다는 말이에요.

김딴지 변호사 그런데 발은 왜 치는 건가요?

문정 왕후 아까도 말했듯이, 나의 수렴청정은 성종이 즉위하였을 때 시행된 정희 왕후의 수렴청정을 따른 것입니다. 흔히 수렴청정이 왕대비나 대왕대비가 정치를 대신하는 것으로 알고 있는데요. 이것은 정치 제도이며, 동시에 정치를 운영하는 하나의 방식입니다. 정치 제도는 형식을 갖추어야 합니다. 그럴 경우에는 보통 예전 사례를 참고로 하지요. 그런데 정희 왕후 시절의 기록을 아무리 찾아봐도 발을 쳤다는 내용이 없어서 당황했던 기억이 납니다.

김딴지 변호사 그럼 피고는 정희 왕후를 따라하지 않고 굳이 왜 발을 설치한 거죠? 혹시 발 안쪽에서 음모를 꾸미려고 했던 것은 아닙니까?

문정 왕후 말씀이 지나치군요! 도대체 나를 어떤 사람으로 보시는 겁니까?

피고의 얼굴에 불쾌함이 가득 드러났다. 하지만 피고는 곧 옷매무새를 가다듬고 말을 이어 갔다.

전하~
안 된다고
하세요.
네, 어머님!
그건 절대 안 된다~.
저 여우같은
문정 왕후!
어디 두고 보자.

측천무후
중국 역사상 유일한 여자 황제입니다. 당나라 태종의 후궁이었다가 고종의 비(妃)로 들어와 황후의 자리까지 올랐으며 40년 이상 실제적으로 중국을 통치했습니다.

예기
중국 고대 유가의 경전을 말합니다.

문정 왕후 조선에서 수렴청정은 정희 왕후가 최초였지만 당나라에서는 이미 측천무후가 수렴청정을 하고 있었어요. 측천무후가 처음으로 수렴을 설치했고, 이후 송나라 때에는 항상 수렴을 설치했어요. 사실 측천무후가 처음으로 발을 설치해 놓고 앉은 이유는 딴 데 있었지요. 그녀는 아들이 어린 나이에 즉위하기 전부터 정치에 참여했는데, 당나라 고종인 남편 뒤에 몰래 발을 쳐 놓고 왕과 신하들의 대화를 엿들었어요. 다시 말해서 측천무후는 불순한 의도로 수렴을 설치한 것입니다.

김딴지 변호사 그럼 피고도 측천무후처럼 아들인 명종과 신하들의 대화를 엿듣기 위해 발을 설치한 것은 아닙니까?

문정 왕후 무례하군요. 신성한 법정이니, 조선의 대왕대비인 내가 참겠습니다! 조선은 유교 국가입니다. 유교의 옛 의례서인 『예기(禮記)』에는 내외법이라는 것이 있는데, 이 법은 남성과 여성은 그 역할이 다르기 때문에 둘의 공간은 반드시 분리해야 한다는 내용이지요. 무엇보다 그 당시 수렴청정은 대왕대비 혼자서 나라를 다스리는 제도가 아닙니다. 어린 왕과 대왕대비가 함께 정치를 하는 것을 뜻합니다. 나의 경우는 고작 열두 살인 왕을 도와 조선을 잘 다스려야 했지요. 하지만 여자인 내가 왕과 신하들이 정치를 의논하는 곳에 참여하는 것은 유교 이념에 어긋납니다. 즉, 아무리 내가 조선의 가장 큰 어른이라고 해도 반드시 남성과 여성의 공간을 구분해야 했습니다. 왜냐하면 조선은 유교 국가이고, 성리학적 예법을 중시하기 때문이죠. 그래서 발이 등장한 것이지요.

김딴지 변호사 성리학적 유교 이념을 실천하기 위해 발을 친 것이라고요? 피고는 불교 숭상 정책을 펼쳤는데 갑자기 유교 이념을 실천했다니……. 음, 이해가 안 되는군요.

문정 왕후 내 말을 끝까지 들어 보세요. 수렴을 설치함으로써 여자인 내가 정치에 참여하는 것에 대한 신하들의 반발을 잠재울 수 있었지요. 그리고 나는 신하들의 의견을 중시하는 편이어서 내가 불교를 믿는다고 해서 유교를 억압하지는 않았습니다.

억압
자기 뜻대로 자유롭게 행동하지 못하도록 억지로 억누르는 것을 말합니다.

편전
궁궐에 있으며, 임금이 신하들과 업무를 처리하는 공식적인 장소입니다.

판사 피고가 조선의 수렴청정 제도를 완성했다는 생각이 듭니다.

문정 왕후 판사님! 바로 그것입니다. 19세기에는 수렴청정이 자주 시행되는데요. 이것은 나의 수렴청정을 본보기로 삼은 것이라고 할 수 있습니다. 판사님 말씀처럼 수렴청정 제도는 명종 대에 완성되었죠! 하나의 제도가 만들어지고 계속 이어져 내려왔다는 것은 그 제도의 장점이 많기 때문입니다. 그리고 내 입으로 이런 말을 한다는 게 좀 그렇습니다만 어쨌든 내가 발을 치고 앉아 있었기 때문에 명종이 조선을 좀 더 현명하게 다스릴 수 있었던 것 아닙니까?

김딴지 변호사 음, 글쎄요? 명종은 신하들과 나라의 정사를 의논할 때마다 뒤에 앉은 어머니의 결정을 중간에서 전해 주는 역할을 하는 자신이 지겹지 않았을까요?

문정 왕후 뭐라고요! 수렴이라는 것은 어린 왕이 나라의 중요한 일을 처리할 때 설치하는 거예요. 난 5일에 한 번 편전(便殿)에서 중

조계
중신과 시종신이 편전에서 벼슬아치의 죄를 논하고 단죄하기를 임금에게 아뢰던 일을 말합니다.

경연
고려, 조선 시대에, 임금이 학문이나 기술을 강론하고 더불어 신하들과 함께 나랏일을 논의하던 자리를 말합니다.

왜곡
사실과 다르게 해석하는 것을 뜻합니다. 같은 말로는 조작, 날조 등이 있습니다.

야욕
지나치게 이기적이고 야비한 욕심을 말합니다.

요한 사안들을 논의하는 조계(朝啓)가 열릴 때 명종 뒤에 발을 치고 앉아서 나랏일에 참여했지요.

김딴지 변호사 하지만 피고는 편전 말고 다른 곳에서도 수렴청정을 했다고 하지 않았습니까?

문정 왕후 물론 나는 경연(經筵)에도 참석했어요. 경연도 원래는 정해진 날짜가 있었는데 대개 5~6일에 한 번 정도 열렸지요. 이때는 명종과 신하들은 공부를 마치고 나라의 중요한 일을 중심으로 토론했어요. 신하들은 내가 경연에도 자주 참석하길 바랐지만 난 그렇게 하지 않았어요. 왜냐하면 내가 수렴청정을 하는 이유는 어디까지나 내 아들을 위한 것이었으니까요. 나보다는 왕께서 신하들과 직접 만나는 시간이 많아야 한다고 생각했어요. 그리고 아들이 공부를 열심히 해서 훌륭한 왕이 되길 바라는 마음이 잘못인가요?

김딴지 변호사 지금 피고는 거짓말을 하고 있군요. 피고는 자신의 욕심을 채우기 위해서 나랏일 전체를 다스렸습니다. 그런데 피고는 지금 경연에 자주 참여하지 않았고, 오히려 명종이 나라를 다스릴 수 있도록 배려했다며 사실을 왜곡(歪曲)하고 있습니다.

문정 왕후 아닙니다. 내가 며칠에 한 번씩 등장했는지 『명종실록』에서 확인해 보세요! 나는 오로지 내 아들을 위해서, 조선을 위해서 수렴청정을 하였습니다.

김딴지 변호사 피고가 공식적인 자리에서 소극적으로 참여한 것은 자신의 정치적 야욕(野慾)을 감추기 위한 것이 아니었습니까?

문정 왕후 아닙니다!

김딴지 변호사 피고는 개인적으로 많은 신하들을 만났고, 주위 사람들을 통해 원하는 것을 다 이루었죠. 그러므로 피고가 왕과 항상 함께한 것이 아니고, 왕이 직접 신하들을 만날 수 있게 해 주었다는 진술은 거짓말입니다.

수장
어떤 집단이나 단체에서 중심이 되어 나머지 사람들을 통솔하는 사람을 의미합니다.

문정 왕후 수렴청정의 원래 명칭은 '수렴동청정'입니다. 왕과 함께 정치를 하는 것을 의미합니다. 그리고 아무리 어린 왕이라고 해도 국가의 수장(首長)은 대왕대비인 내가 아니라 왕입니다. 그렇기 때문에 왕이 직접 명령을 내렸습니다. 난 어디까지나 내 아들이 성인이 될 때까지 나라를 잘 이끌어 갈 수 있도록 도와주려고 한 것입니다. 이것은 내 개인의 욕심이 아니라 조선의 법도입니다.

판사 잘 알겠습니다. 지금까지 수렴청정이 무엇이며, 피고가 수렴청정을 하게 된 배경에 대해 알아보았습니다. 중종의 부인이자, 당시 조정의 가장 큰 어른이었던 피고가 수렴청정을 한 것은 큰 문제가 없었다고 생각됩니다. 그러나 수렴청정을 했던 피고를 바라보는 양측의 관점이 아주 달랐습니다. 개인의 정치 야욕을 위한 것인지, 아니면 진정으로 조선과 백성을 위한 것이었는지에 대해 원고와 피고의 의견이 팽팽하게 맞섰습니다. 그렇다면 이제부터는 당시 조정에서는 어떤 일이 벌어지고 있었는지에 대해서 구체적으로 살펴보도록 하겠습니다. 무능력한 조정, 권력 다툼만 일삼던 조정의 모습과 당시 시대 상황에 대해 알아보겠습니다.

3

윤씨 집안의 싸움, 을사사화

판사　지금부터 명종이 왕위에 오른 직후 발생했던 을사사화에 대해서 알아보겠습니다. '사화'라고 하면 사림들이 피해를 입은 사건으로 알고 있는데 을사사화는 꼭 그렇지만은 않습니다. 을사사화의 중심에는 누가 있었는지 그리고 사건의 원인과 결과에 대해 알아보겠습니다. 원고 측 변호인부터 시작하세요.

김딴지 변호사　▶네. 우선 을사사화는 같은 성을 가진 파평 윤씨끼리의 집안 싸움이라고 할 수 있습니다. 그렇다면 을사사화의 원인과 결과는 무엇일까요? 을사사화를 직접 겪은 분을 모셔서 설명을 듣고 싶습니다.

판사　허락합니다. 증인은 앞으로 나오세요.

판사의 말이 끝나자마자 증인 이언적이 앞으로 걸어 나왔다. 증인은 사뭇 진지한 표정으로 선서를 하였다.

김딴지 변호사 안녕하세요, 증인. 먼저 간단한 자기소개를 해 주세요.

이언적 나는 조선 중기 때 사람으로 원래 이름은 적(迪)이었으나, 중종께서 친히 제 이름을 '언적(彦迪)'으로 고쳐 주셨답니다. 사림이었던 나는 윤임(尹任)과 매우 친한 사이였는데 우리 두 사람은 윤원형으로 인해 죽게 됩니다.

김딴지 변호사 윤임과 매우 친한 사이라고 하셨는데요. 윤임과 윤원형은 같은 파평 윤씨 집안일 텐데, 왜 사이가 나빴나요?

이언적 네. 인종의 외숙부 윤임과 그 측근을 대윤, 피고의 친동생 윤원형과 그를 따르는 사람들을 소윤이라고 불렀습니다. 왜 파평 윤씨 집안 사람들이 둘로 갈라졌을까요? 바로 권력 때문이지요. 권력은 한 가족을 대윤과 소윤으로 갈라놓았고, 심지어 서로를 죽이기까지 했었어요. 당시 왕의 명령은 승정원(承政院)을 통해 신하들에게 전달됐습니다. 그런데 피고는 대신에 밀지(密旨)라는 방법을 썼지요. 물론 그 당시 피고가 수렴청정을 하였기 때문에 하교를 내린 것은 전혀 문제가 되지 않습니다. 그러나 문제는 피고가 승정원을 거치지 않고 비밀리에 윤원형에게 대윤을 제거할 방법을 전달했다는 것

윤임
중종의 두 번째 왕비인 장경 왕후의 오빠로 대윤의 대표적인 인물입니다. 인종이 세자로 있을 때, 중종의 계비 문정 왕후가 경원 대군을 낳자, 김안로와 함께 세자 보호를 둘러싸고 문정 왕후와 대립했지요. 1545년 소윤은 을사사화를 일으켜 대윤 일파를 숙청하였는데, 이때 죽임을 당했지요.

승정원
조선 시대에 임금의 명령을 전달하고 임금께 아뢰는 일을 맡던 관아를 말합니다. 지금의 대통령 비서실에 해당되지요.

밀지
임금이 비밀리에 누군가에게 내리던 명령을 뜻합니다.

교과서에는

▶ 명종이 즉위하면서 조정을 외척끼리의 권력 싸움에 휩싸여 사림 세력은 또다시 밀려났습니다. 결국 명종 때에는 윤원형을 비롯한 왕실 외척인 척신들이 정국을 주도하게 되었지요.

공론
공정한 의논 또는 공공의 논의 등으로 이해될 수 있습니다. 보통 사림들의 여론을 공론이라 합니다.

대간
조선 시대에 대관과 간관을 아울러 이르던 말을 뜻합니다. 간관은 조선 시대에 사간원과 사헌부에 속하여 임금의 잘못을 이야기했던 벼슬아치를 말합니다.

기강
법도와 규율을 아울러 이르는 말을 뜻합니다.

견원지간
개와 원숭이의 사이라는 뜻으로 사이가 매우 나쁜 두 관계를 비유적으로 표현한 말입니다.

입니다. 또한 피고는 대윤 측 사람들을 제거하기 위해서 나와 같은 사림 세력의 공론(公論)을 이용하려고 했습니다. 그래서 대사헌 민제인과 대사간 김광준을 자신들의 편으로 끌어들였습니다. 피고는 그들에게 대간(臺諫)들을 모아 대윤의 인물인 윤임, 유관, 윤인숙 등을 탄핵하라고 지시했죠.

김딴지 변호사 피고는 민제인과 김광준이 사헌부와 사간원의 우두머리이니까 당연히 대간들은 그 명령에 따를 것이라고 생각했나 봅니다.

이언적 맞습니다. 하지만 나를 비롯하여 백인걸, 유희춘 등의 사림계 대간들은 반대했어요. 왜냐하면 윤임 등의 대윤이 죄가 있든 없든 절차상에 큰 문제가 있었고, 또한 이렇게 계속 진행된다면 결국은 국가의 기강(紀綱)까지 무너질 것이라고 생각했기 때문입니다. 반면 병조 판서 이기, 지중추부사 정순붕, 공조 판서 허자 등의 소윤 인물들은 윤임, 유관, 유인숙 등의 죄가 많다고 말하였습니다.

김딴지 변호사 증인도 동의했습니까?

이언적 죄목이 모호했기 때문에 동의하지 않았어요. 물론 대윤과 소윤의 갈등이 깊어져서 둘의 관계가 견원지간(犬猿之間)이라는 것은 알고 있었습니다. 하지만 사람에게 벌을 줄 때에는 지은 죄가 분명해야 하는 거 아닌가요? 벌을 주려고 죄를 만드는 것을 받아들일 수는 없었습니다.

김딴지 변호사 그렇다면 증인의 그러한 행동에 피고는 어떤 조치를 취했나요?

이언적 문정 왕후는 신하들을 불러 윤임이 중종 시절부터 간사하고 흉악했다고 말합니다. 그러자 마치 입을 맞춘 것처럼 모든 신하들이 대윤을 처벌할 것을 요구했지요. 그렇게 해서 윤임은 관직에서 물러나 귀양을 가게 됐고, 유관, 유인숙 역시 관직에서 물러나게 되었죠. 처음에는 대윤들의 피해가 크지 않았지만, 점점 죄목이 추가되면서 그 피해가 눈덩이처럼 커졌습니다. 그 와중에 정순붕은 대윤들이 나라를 뒤집으려 한다고 상소를 올렸고 이를 계기로 대윤과 사림들이 지은 죄가 구체화되었습니다. 이 모든 것이 피고 때문에 일어난 일이라고 할 수 있지요. 혹시 피고께서는 '양재역 벽서 사건'이라고 아십니까? 피고 당신이 사주(使嗾)한 일인데 설마 모른다고 하지는 않겠죠?

사주
남을 부추겨 나쁜 일을 시키는 것을 말합니다.

문정 왕후 무엄하도다!

갑자기 피고 문정 왕후가 자리에서 벌떡 일어나 증인을 손가락으로 가리키며 호통을 쳤다.

이대로 변호사 이의 있습니다. 증인은 피고의 반대파인 사림계 대신으로 본 사건에 대해 공정한 증언을 할 만한 인물이 아닙니다.

판사 본 사건은 사림 세력과 깊은 관련성이 있다고 할 수 있습니다. 그러므로 증인의 진술은 충분히 일리가 있습니다. 그리고 피고는 신성한 법정에서 예의를 지키세요. 자, 피고 측에서 반론하세요.

이대로 변호사　네. 피고에게 묻겠습니다. 당시 윤원형에게 비밀리에 명령을 내린 것은 사실입니까?

문정 왕후　음……, 그렇습니다. 내 남편 중종께서 살아생전에 밀지 내리는 것을 많이 보았습니다. 그게 나쁜 건가요? 남편은 과거 김안로를 몰아낼 때에도 신하들에게 비밀리에 명령을 내려 그들의 의견을 듣고 결정을 했습니다. 나도 그렇게 결정한 것입니다. 오히려 최종 결정을 현명하게 내린 나를 칭찬해 줘야 한다고 생각해요.

이대로 변호사　대윤의 죄가 모호하다는 증인의 주장에 대해서 어떻게 생각하십니까?

문정 왕후　어이가 없습니다. 왜냐하면 윤임을 중심으로 한 대윤은 종사를 바꾸려는 대역죄를 저질렀습니다. 하지만 다행히 청렴결백한 신하들이 있었기 때문에 그들의 죄를 밝힐 수 있었습니다.

이대로 변호사　그래서 그들을 공신으로 책봉하였나요?

문정 왕후　그렇습니다. 그것이 위사 공신인데요. 위사 공신 책봉으로 소윤이 정국을 주도할 수 있는 정국 구도가 마련되었지요. 소윤은 나와 혈연 관계에 있거나 내가 가장 신임하는 윤원형과 정치적 입장을 같이하는 인물들을 말합니다. 그리고 내 동생 윤원형은 명종의 외삼촌이면서 공신이었기 때문에 정국의 실세가 될 수 있었습니다.

이대로 변호사　그렇다면 을사사화는 정당한 사건이었군요?

문정 왕후　네. 내가 아닌 그 누구라도 반역죄를 저지른 자들은 반드시 처벌했을 것입니다. 따라서 난 백성과 조선을 위해서 대윤을 처벌한 것입니다. 나는 조선의 대왕대비입니다.

승하
임금처럼 신분이 높은 사람이 사망하였음을 뜻하는 표현입니다.

피고 문정 왕후가 목이 메어 탁한 목소리로 말하였다. 누구보다 조선을 사랑했던 마음이 컸던 자신이 지금 이 자리에 있는 것이 참으로 치욕스러웠던지 안색도 어두워졌다.

이대로 변호사　그렇습니다. 피고는 총명하고 똑똑한 왕비이자 훌륭한 어머니였습니다. 누구보다 백성과 조선 그리고 명종을 아꼈던 피고를 누가 비난할 수 있겠습니까? 이상입니다.

판사　잘 들었습니다. 이번에는 원고 측에서 신문하세요.

김딴지 변호사　예. 피고의 친오빠는 윤원로, 친동생은 윤원형이 맞습니까?

문정 왕후　네.

김딴지 변호사　특히 윤원로는 윤임과 사림 세력에 의해 탄핵을 받은 것으로 알려져 있는데 당시 상황은 어땠나요?

문정 왕후　인종이 사망한 다음날 윤임과 사림 세력들이 오라버니인 윤원로를 탄핵했지요. 왜 하필 인종이 사망한 다음날에 탄핵했을까요? 명종이 즉위하기 전이니 아직 권력 구조가 바뀌지 않았다는 것이죠. 사림은 인종 대에 그 권력을 확대했으며, 윤임이 대윤과 함께 권력을 잡았지요. 그리고 이것은 일종의 정치 공세였어요. 더구나 인종이 승하(昇遐)하자마자 그럴 수는 없지요. 나는 그런 말이 어디서 나왔는지 밝힌 후에 벌을 줘도 늦지 않다고 생각했어요. 그런

익명서
글을 쓴 사람이 자기 이름을 감추고 쓴 글을 말합니다.

농간
남을 속이거나 일을 그르치게 하는 간사한 꾀를 말합니다.

데 윤임과 그를 따르는 사림들은 내 말을 듣지 않았어요. 그들은 사림의 의견을 따르지 않으면 백성들이 동요할 거라고 말하면서 윤원로에게 벌을 주라고 압박했어요. 결국 나는 윤원로를 귀양 보낼 수밖에 없었지요.

김딴지 변호사 그런데 윤원로의 귀양과 을사사화가 어떤 관련이 있나요?

문정 왕후 내가 수렴청정을 하기로 결정했을 때 무엇보다 인종의 상례도 치러야 했지요. 이런 복잡한 상황에서 대윤 쪽에서 내 오라버니인 윤원로를 탄핵한 것을 용서할 수 없었어요! 그런데 우연의 일치인지 몰라도 당시 언관들이 윤임과 좌의정 유관, 이조 판서 유인숙 등이 중종 시절부터 죄가 많았음을 말하며 탄핵할 것을 주장했죠. 결국 나는 그 의견을 받아들여서 그들에게 벌을 주었습니다. 결코 내 개인적인 감정 때문에 죄를 준 것은 아니라고요.

김딴지 변호사 판사님, 피고는 방금 대윤을 용서할 수 없었다고 말했습니다. 그런데 개인적인 감정 때문에 벌을 준 것이 아니라고요? 현재 피고는 사실을 축소하여 자신의 책임을 회피하고 있습니다.

문정 왕후 절대로 아닙니다. 을사사화 발생 2년 후 양재역에 익명서가 붙었습니다. 그 내용은 이랬어요.

"여주(女主)가 정권을 잡고 간신 이기 등이 권세를 농간하고 있으니 나라가 장차 망할 것을 기다릴 수 있게 되었다. 어찌 한심하지 않은가."

김딴지 변호사　그게 무슨 내용이죠?

문정 왕후　대왕대비인 나를 '여주'라고 불렀잖아요. '여주'란 여자인 왕을 뜻합니다. 당시 조선의 왕은 내가 아닌 명종이었습니다. 그런데 내가 여주라니요! 왕은 명종입니다. 나는 다만 내 아들 명종의 나이가 어렸기 때문에 옆에서 도왔을 뿐이에요. 물론 이웃나라 중국에서도 가끔 왕비를 '여주'라고 불렀지만 다 옛날 이야기입니다. '여주'라고 부르는 것은 좋은 의미가 아닙니다. 왜냐하면 여성의 신분으로 왕보다 더 큰 권력을 갖고 있음을 상징했기 때문입니다. 다시 말해서 '여주'란 왕을 허수아비로 만들고 여자가 직접 나랏일을 휘두르는 것을 의미합니다. 도대체 내가 언제 명종을 허수아비로 만들었나요? 내가 '여주'라고 불릴 만큼 잘못했습니까! 휴…….

망발
실수로 옳지 못한 말이나 행동을 하는 것을 뜻하는 표현입니다.

김딴지 변호사　그건 그렇고 양재역에 익명서를 붙인 사람을 알아냈습니까?

문정 왕후　그렇습니다. 당시 이러한 흉한 내용의 벽서로 인해서 조선 사회와 민심이 매우 혼란스러웠는데요. 다행히도 이기 등의 대신들이 그 벽서는 대윤 중에서 처벌받지 않은 사람들이 쓴 것이라고 내게 보고하였습니다. 사실 나를 '여주'라 부르고 나라가 망할 것이라는 망발(妄發)을 한 범인으로는 대윤밖에 더 있겠습니까. 그래서 윤원형을 탄핵했던 송인수와 희빈 홍씨의 아들 봉성군을 비롯하여 대윤이라 판단되는 사람들에게 벌을 주거나 멀리 유배를 보냈습니다. 이것은 정치적으로 꾸민 일이 아니라, 흉한 내용의 벽서를 붙여

위로는 여주
아래로는 간신이
나라를 망친다.
대왕대비님께서
조선을 망친다고??
맙소사!
얼른 이 일을
알립시다.
호호! 멍청한
신하들~.
익명서 붙이기
성공!
아무도 우리가
꾸민 줄 모르겠지?
윤원형
문정왕후
정난정
양재역

서 민심과 사회를 혼란스럽게 만든 것에 대한 벌이었죠.

훈척
나라를 위해 공을 세운 임금의 친척을 의미합니다.

김딴지 변호사 결국 을사사화로 인해 대윤은 완전히 몰락했고, 그야말로 소윤의 권력은 커져만 갔죠. 수렴청정을 하는, 바로 피고의 권력에 기대서 말입니다. 이토록 가혹하게 반대 세력을 제거한 것은 역으로 을사사화가 명분이 없었기 때문인가요?

문정 왕후 그렇지 않습니다. 대윤은 누가 봐도 역적이고, 역적과 그 무리는 엄한 벌을 받아야 합니다. 그래야만 국가를 안정시킬 수 있고 백성들이 편안하게 살 수 있지요. 물론 그렇게 하기 위해서는 뜻이 같은 사람들끼리 힘을 모아야만 합니다. 바로 그 과정에서 벌어진 일입니다.

판사 어쨌든 을사사화 이후 윤원형을 중심으로 해서 소윤의 세상이 된 것은 사실이군요. 그렇다면 을사사화 이후에 바뀐 정국에 대해서 알아보도록 하겠습니다. 원고 측 변호인부터 시작하세요.

김딴지 변호사 그럼 소윤이 세력을 잡은 것이 명종과 국가를 위해 도움이 됐나요?

문정 왕후 물론이죠. 조정에서 대윤을 쫓아낸 후 윤원형을 중심으로 한 훈척들은 효율적으로 나라를 다스리기 시작했지요. 이들은 을사사화 이후 조정의 중심에서 활동했지만 사림들과도 사이좋게 지내기를 원했어요. 그래서 허자, 민제인 등의 사림을 등용하자고 하였습니다. 어떤 사람은 훈척들이 사림과 사이좋게 지내려고 한 것은 자신들의 집권을 합리화하기 위한 것이라고 주장했어요. 나 참, 왜 그렇게 부정적인지…….

김딴지 변호사 그것이 사실 아닌가요?

문정 왕후 아니에요! 훈척들이 원하는 것은 단 한 가지였어요. 어린 명종이 즉위했을 때 내 바람은 수렴청정을 잘해서 나라를 안정시키고 백성들이 편안하게 살 수 있도록 하는 것이었어요. 이를 위해서 역적들을 제거해야 했어요. 그래서 을사사화를 통해서 윤임 등에게 벌을 준 거예요. 그리고 새롭게 사림과 힘을 합쳐야만 좀 더 투명한 정치를 펼칠 수 있다고 생각했어요.

김딴지 변호사 과연 그럴까요? 그것은 훈척의 주요 인물들의 행동을 살펴보면 알 수 있습니다. 과연 그들이 정말로 명종을 위한 정치를 펼쳤을까요? 훈척의 주요 인물은 윤원형과 이기였습니다. 윤원형이 문정 왕후의 친 동생이라는 사실은 다 아실 겁니다. 윤원형은 실제로 훈구 세력과 문정 왕후를 연결시켜 정치적 기반을 마련하였고 명종 시절 동안 막강한 영향력을 행사했지요. 또한 이기라는 인물은 정순붕, 임백령 등과 함께 을사사화를 주도하면서 소윤을 대표하는 인물이 되었죠. 이기는 윤원형이 척신이어서 공개적으로 정치 활동을 하기 힘들다는 것을 알고 보이지 않는 곳에서 윤원형을 도왔습니다. 이런 상황에서도 투명한 정치가 가능했을까요? 제 생각에는 불가능했을 것이라고 확신합니다. 이상입니다.

판사 잘 들었습니다. 피고 측 변호인, 반대 신문하세요.

이대로 변호사 원고 측 변호인은 자꾸만 훈척 세력이 권력을 장악했다고 하는데요. 이에 대해 어떻게 생각하십니까?

문정 왕후 아무리 훈척 세력이 권력을 장악했다고 해도, 모름지기 권력이라는 것은 항상 불안정한 것입니다. 또한 조정의 모든 신하들이 훈척 세력에게 협조적인 것만은 아니었어요. 특히 사림들은 비협조적이었기 때문에 사이좋게 지낼 필요가 있었습니다. 왜냐하면 사림은 그동안에 발생한 사화로 인해서 많은 피해를 당했음에도 정치적 영향력이 여전히 컸기 때문이죠. 뿐만 아니라 사림은 서원(書院)을 중심으로 성리학을 공부하고 이를 바탕으로 조선 세상을 바꾸고자 꾸준히 조정으로 진출하고 있었습니다. 그러므로 훈척 세력은 사림과 사이좋게 지내는 것이 매우 유리했습니다.

서원
조선 시대 선비와 유생들이 모여 공부하던 곳을 뜻합니다.

이대로 변호사 그렇다면 어떤 방법으로 사림과 협력 관계를 형성했나요?

김딴지 변호사 이의 있습니다. 지금 피고 측 변호인은 이번 재판의 핵심을 피해 가고 있습니다. 이는 굉장히 큰 문제입니다! 존경하는 판사님, 제가 다시 신문할 수 있도록 허락해 주십시오.

판사 음, 좋습니다.

김딴지 변호사 훈척들은 자신들의 세력을 내세워서 사림 세력들을 자기편으로 만듭니다. 그렇지만 사림이라는 존재는 기본적으로 훈구나 척신들과 협력하기 어려운 관계였어요. 그러므로 윤원형의 무리 중에서 사림의 비판을 받는 인물은 제거하였습니다. 왜 그랬을까요? 바로 사림의 의견을 수용하면서 투명한 정치를 펼친다는 명분을 만들려고 했던 것입니다. 좀 더 자세한 이야기는 원고를 통해

육조
조선 시대에 국가의 업무를 나누어 맡아보던 6개의 부서를 말합니다. 이조, 호조, 예조, 병조, 형조, 공조 등이 6개의 부서에 해당됩니다.

삼사
조선 시대 언론을 담당한 기관으로 사헌부, 사간원, 홍문관을 뜻합니다.

들어 볼까 합니다.

판사 인정합니다.

이대로 변호사 이의 있습니다. 원고는 당시 조정에 있던 인물이 아니기 때문에 원고를 신문하는 것은 적절치 않습니다.

김딴지 변호사 조정에 있었던 사람만 발언할 수 있다니요? 원고는 당시 가난한 백성들의 삶을 누구보다 잘 아는 사람이라고 할 수 있는데 적절치 않다는 것은 말이 안 됩니다.

판사 원고 측 변호인의 의견에 동의합니다. 궁궐 밖의 이야기도 당시 사건을 살펴보는 데 충분히 도움이 된다고 판단됩니다. 원고 측 변호인은 신문을 계속하세요.

김딴지 변호사 네. 그 당시 피고의 친동생인 윤원형의 영향력은 어느 정도였나요?

임꺽정 아휴! 거, 말도 마세요. 조정에서 바른말을 하기로 유명한 신하들도 윤원형을 무서워했다는 소문이 있었을 정도로 굉장했어요. 관리뿐만이 아니라 이조 판서, 병조 판서가 될 사람도 윤원형이 뽑았다고 하던데요.

김딴지 변호사 당시 조정의 관리들은 모두 윤원형과 친했겠네요?

임꺽정 두말하면 잔소리죠! 윤원형은 행정 업무를 보는 육조(六曹)와 언론 삼사(三司)까지 장악했었기 때문에 그를 막을 사람은 아무도 없었어요. 게다가 윤원형의 뒤에는 피고가 버티고 있었는데,

누가 감히 윤원형을 비판하겠습니까? 이처럼 윤원형의 가장 큰 배경은 바로 수렴청정을 하고 있는 피고라 할 수 있고, 이 든든한 뒷배경을 믿고 윤원형은 정치적 · 경제적으로 온갖 전횡(專橫)를 일삼았습니다.

전횡
어느 한 사람이 권력을 갖고 자기 마음대로 하는 행위를 뜻합니다.

김딴지 변호사　그렇군요. 원고의 증언만으로도 윤원형이 어떤 사람이었는지 알 것 같습니다. 이처럼 윤원형 등 훈척들은 당시 바른 정치를 펼치기는커녕 자기들 뜻대로 조선을 지배하였습니다. 이와 더불어 막강한 권력을 가진 윤원형이 어떻게 조선을 혼란스럽게 했는지도 알아볼 필요성이 있을 것 같습니다.

판사　그것에 대해서는 재판 셋째 날에 이야기를 나눌 것입니다. 더 하실 말 있나요?

김딴지 변호사　없습니다.

판사　오늘 재판은 명종이 즉위하고, 문정 왕후가 수렴청정을 하게 된 시대적 상황, 그리고 을사사화의 원인에 대하여 알아보았습니다. 이를 통해 사건의 중심에는 누가 있었는지 잘 알 수 있었습니다. 다음 재판에는 '임꺽정의 난'이 왜 일어났는지에 대해 본격적인 변론이 펼쳐질 것입니다. 그럼 두 번째 재판에서 다시 보도록 하지요.

땅, 땅, 땅!

휴정 인터뷰

다알지 기자

안녕하세요. 역사공화국 법정 뉴스의 다알지 기자입니다. 저는 지금 원고 임꺽정 대 피고 문정 왕후의 재판이 열린 한국사법정 앞에 나와 있습니다. 오늘 재판은 조선에서 가장 낮은 신분이었던 백정 임꺽정이 왕실의 최고 어른이자 대왕대비인 문정 왕후를 상대로 소송을 제기한 것입니다. 재판 첫째 날 원고 임꺽정은 자신이 관아의 곡식과 돈을 훔친 것은 사실이나 그 원인은 문정 왕후의 수렴청정으로 인한 훈척들의 극심한 횡포와 비리 때문이었다고 주장했는데요. 이에 문정 왕후는 자신의 수렴청정은 타당했으며, 이것은 바로 백성과 조선 그리고 명종을 위한 것이라고 반박했습니다. 그럼 오늘 재판에 대한 양측 변호사의 이야기를 들어 보겠습니다.

김딴지 변호사

원고 임꺽정은 진정한 영웅이라고 할 수 있습니다. 임꺽정은 가난하고 힘없는 백성을 대신해 온갖 부정부패로 재산을 모은 지배층을 크게 혼내주었기 때문입니다. 당장 먹을 밥이 없어서 굶어 죽는 백성을 보고 조선 사회가 잘못 되었음을 느낀 임꺽정은 그렇게 의적이 되었던 것입니다. 그런데 조정에서는 이러한 임꺽정을 무조건 도적이라고 부르고 있습니다. 당시 백성을 고통에 빠지게 한 사람들은 다 조정에 있는 사람들이고, 이에 반기를 든 것이 바로 원고입니다. 역사적 진실은 반드시 바로잡아야 합니다.

이대로 변호사

만약 원고가 수렴청정을 하지 않았다면 조선은 어떻게 되었을까요? 생각만 해도 끔찍합니다. 아마도 왕권이 약해져서 조선은 매우 혼란스런 상태가 되었을 것입니다. 그나마 우린 민족이 조선 후기 때 찬란한 문화를 꽃피울 수 있었던 것은 다 원고가 수렴청정을 해서 어지러운 조정을 바로잡았기 때문입니다. 물론 모든 공이 원고에게만 있다는 말이 아닙니다. 당시 왕이었던 명종이 원고의 가르침을 받아 조선을 잘 다스렸기 때문이죠. 이처럼 원고는 명종에게 큰 힘이 된 스승이자 어머니였습니다. 모자가 함께 조선을 위해 한평생을 바쳤는데, 감히 원고에게 소송을 걸다니! 어처구니가 없을 뿐입니다.

자, 힘 내세요.
자네 덕분에 살았네.
임꺽정 씨! 고맙습니다.
임꺽정이 최고야!

재판 둘째 날

임꺽정은 왜 문정 왕후 시대에 나타났을까?

1. 명종 시대 백성의 삶은 어땠을까?
2. 임꺽정은 의적일까, 역적일까?

교과연계

역사
VI. 조선 사회의 변동
1. 조선 후기 정치 운영의 변화
(1) 붕당 정치의 전개와 정치 제도의 변화

1

명종 시대 백성의 삶은 어땠을까?

판사 두 번째 재판을 시작하겠습니다. 그동안 양측 모두 재판 준비를 충실히 하셨으리라 믿습니다. 오늘은 평범한 백정이었던 원고가 왜 도둑이 됐는지 살펴보도록 하겠습니다. 더불어 '임꺽정의 난'이 일어난 명종 시대는 어떠했는지 알아보겠습니다. 그러면 원고 측과 피고 측, 누구부터 시작하시겠습니까?

김딴지 변호사 저부터 하겠습니다.

판사 좋습니다.

김딴지 변호사 원고는 1599년(명종 14) 황해도 지방에서 반란을 일으키고 평안도, 강원도뿐만 아니라 개성과 한양으로까지 반란을 확대시킨 인물입니다. 원고를 검거하기 위해서 많은 관군이 투입되기도 하였습니다. 이처럼 반란을 일으킨 원고는 '역적'이라고도 할 수 있습니다. 그런데 역적이 왜 왕후를 처벌해 달라고 소송을 제기했을까요? 바로 아주 중요한 이유가 있기 때문입니다. 오늘 법정에서는 원고가 도둑이 될 수밖에 없었던 이유를 알아봐야 합니다. 이 부분은 원고에게 직접 묻고자 합니다.

판사　좋습니다. 원고 측 변호인, 신문하세요.

김딴지 변호사　원고는 왜 도적이 되었나요?

임꺽정　당시 조선 사회가 엉망이었기 때문입니다. 당시 문정 왕후의 친동생이었던 윤원형을 중심으로 한 지배층은 토지를 마구잡이로 빼앗았죠. ▶토지가 전부였던 백성들은 땅을 몽땅 빼앗겨 결국 그들의 전호(佃戶)가 되어서 노동력을 공급하였습니다. 또 척신들은 권력을 앞세워 마구잡이로 간척지 개간(開墾) 사업을 펼쳤지요. 특히 내가 살았던 황해도에서 간척 사업을 주도했던 인물이 바로 윤원형이었습니다. 윤원형은 임금님의 외삼촌이잖아요. 어쩔 수 없이 우리 백성들은 강제로 끌려가서 일을 해야만 했습니다.

김딴지 변호사　간척 사업은 개인이 벌인 사업이잖아요. 국가가 앞장서서 하는 사업도 아닌데, 일반 백성이 끌려가서 일을 해야 할 필요가 있을까요? 혹시 사람들이 윤원형에게 잘 보이기 위해 스스로 나섰던 것이 아닙니까?

임꺽정　뭐라고요? 이보시오, 변호사 양반! 잘 보일 인간이 따로 있지요. 그리고 변호사님 말처럼 우리 백성들이 강제로 끌려가서 일을 해야 할 어떤 이유도 없습니다. 그

전호
다른 사람 또는 지주의 땅을 빌려서 농사를 지은 대가로 사용료를 내는 농민을 말합니다.

개간
거친 땅이나 황무지를 일구어 쓸모 있는 땅으로 만드는 작업을 말합니다.

교과서에는

▶ 조선 중기 지주제가 강화되었고, 결국 다수의 농민들이 토지를 잃고 전호, 임노동자로 전락하게 되었어요. 당시 농민들은 토지도 빼앗기고, 과중한 수치로 인해서 고통을 겪었지요.

왕토사상
천하의 토지는 왕의 토지가 아닌 것이 없고, 천하의 신하는 왕의 신하가 아닌 것이 없다는 의미입니다.

런데 세상에서 가장 무서운 게 '권력'이라고들 하잖아요. 간척을 해서라도 그 땅을 소유하겠다는 엄청난 욕심에 눈이 멀어 가난한 백성들의 삶 따위는 관심이 없었겠죠. 그냥 백성들을 강제로 끌어다가 일을 시켰고, 끌려간 백성들은 거기서 빠져나오기도 힘들었습니다.

이대로 변호사　이의 있습니다. 원고의 주장은 사실과 다릅니다. 간척 사업은 매우 중요한 사업입니다. 쓸모없는 땅을 개간해서 기름지게 만들면 그곳에서 농사를 지을 수 있게 됩니다. 그렇게 되면 백성들이 먹을 식량이 더 많이 생산됩니다. 얼마나 좋은 일입니까? 피고와 피고의 형제들은 바로 조선의 백성을 위해서 간척 사업을 벌인 것이나 마찬가지입니다. 원고는 이러한 사실도 모른 채 오로지 자신의 생각만으로 발언하고 있습니다.

판사　인정합니다.

김딴지 변호사　존경하는 판사님, 이의 있습니다. 백성을 위한 것이라면 그 개간된 땅을 백성들에게 나눠 줘야 하는 것 아닙니까? 그런데 피고의 동생인 윤원형이 이 모든 것을 계획하고, 자신의 땅으로 가져가 버렸습니다. 존경하는 판사님 그리고 배심원 여러분, 이것이 진정 백성을 위한 일입니까?

문정 왕후　원래 조선의 땅은 왕과 국가의 것입니다. 왕토사상(王土思想) 모르세요? 그러니까 내 아들 땅은 내 땅이고, 내 땅은 내 동생 원형이가 가져도 되는 것이지요.

김딴지 변호사　그게 무슨 뚱딴지같은 소리입니까? 이미 16세기가 되면서 과전법(科田法)은 무너졌습니다. 국가에서 토지를 나눠 주었던 과전법이 무너진 이후 개인이 토지를 소유하는 지주제가 등장하면서 이러한 심각한 문제점이 나타난 것 아닙니까?

과전법
고려 말과 조선 초에 관리에게 '토지'를 주던 제도를 말합니다. 여기서 과전은 토지를 의미합니다.

판사 모두 조용히 하세요! 신성한 법정이 매우 소란스러워졌습니다. 그리고 궁금한 게 하나 있습니다. 백성들이 농사를 짓고 사는 것은 자기 땅이든 양반의 땅이든 마찬가지라는 생각이 드는데요. 어차피 본업이지 않습니까? 무슨 차이가 있습니까?

임꺽정 제가 말씀드리겠습니다. 내 땅에서 농사를 지으면 수확량의 10분의 1 정도를 세금으로 국가에 내야 합니다. 임금님께서 땅을 주셨으니 그 정도 세금이야 당연히 내야 한다고 생각해요. 그러나 양반들이 빼앗아 간 땅에서 소작료를 내고 일하면 농민들이 내야 하는 비용이 더 커집니다. 당시 농민들이 내야 했던 소작료는 수확량의 2분의 1이었습니다.

김딴지 변호사 소작료는 양반 지주한테 냈나요?

임꺽정 그렇습니다.

김딴지 변호사 그렇다면 국가도 손해를 보는 것 같은데요. 왜냐하면 예전에는 백성들이 내던 세금을 국가에서 받았었는데, 양반들이 백성들의 토지를 빼앗자 더 이상 나라의 세금은 늘어나지 않기 때문입니다. 당시 조선의 재정 사정이 안 좋았을 것 같은데, 이 부분은 피고에게 여쭤 보겠습니다. 피고, 답변 부탁합니다.

문정 왕후 맞습니다. 나라의 재정이 점점 나빠졌어요. 나와 내 동

공납
특정 지방에서만 생산되는 물건을 현물로 내는 세금 제도를 뜻합니다.

폐단
어떤 일 또는 행동에서 나타나는 옳지 못한 현상을 말합니다.

공물
중앙 관청과 왕실의 수요를 충당하기 위하여 여러 군현에 부과하여 상납하게 한 특산물을 말합니다. 전통 세제(稅制)인 조(租), 용(庸), 조(調) 중에서 조(調)에 해당됩니다.

생 원형이는 좋은 의미로 간척지를 개발한 것인데, 이상하게 세금은 점점 줄어들었죠. 동시에 농사를 짓는 백성들도 많이 줄어들었습니다.

김딴지 변호사　농사를 짓는 백성들이 줄었다고요?

임꺽정　네. 왜냐하면 대부분의 백성들이 먹고살기가 힘들어 도망을 갔기 때문이죠. 양반 지주들에게 세금이라는 명목으로 더 많이 빼앗기게 되는데 누구 좋으라고 죽어라 농사를 짓겠습니까? 물품으로 세금을 내는 공납(貢納)의 부담이 점점 더 커졌는데……. 휴.

김딴지 변호사　공납의 부담이 커졌다는 게 무슨 말이죠?

임꺽정　바로 방납의 폐단(弊端)을 의미하는 것입니다.

김딴지 변호사　그럼 방납이 뭐죠?

임꺽정　백성들이 국가에 내는 세금 중에 공물(貢物)이라는 게 있는데요. 이것은 국가에서 필요한 현물을 납부하는 것을 의미합니다. 이 중에는 왕실의 왕과 왕비에게 바치는 물품들도 있었습니다. 그런데 이 공물은 가난한 백성들에게는 굉장히 큰 부담이었습니다. 왜냐하면 현물로 납부하는 것이기 때문입니다. 또한 당시에는 보관 방법이 다양하지 않아서 현물로 납부했을 때 중간에서 공납품이 훼손될 위험도 있었습니다. 그 외에도 중간 관리들이 공납품을 몰래 빼내는 경우도 있었어요. 그래서 이러한 문제점을 해결하기 위해 생겨난 것이 방납입니다. 방납은 돈이 많은 사람을 등에 업은 상인들이 공납을 대신해 주는 것이었습니다.

이대로 변호사 판사님! 지금 일방적으로 원고 측의 진술 위주로 재판이 진행되고 있습니다. 저도 신문할 수 있도록 허락해 주세요.

판사 좋습니다. 피고 측 변호인 반대 신문하세요.

이대로 변호사 공납이 백성들에게 부담이었다고요? 흠, 이상하군요. 그렇다면 공납을 대신 내준 방납업자, 곧 상인들이 그 부담을 덜어 준 것이니까 고마워해야 하는 거 아닙니까?

임꺽정 으하하. ▶상인들은 조정에 먼저 공물을 납부하고 그 대가로 비용을 몇 배로 부풀려서 백성들로부터 받아 냈다고요! 아니, 뜯어낸 것이나 마찬가지죠! 이런 천하의 나쁜 사람들 같으니라고! 그러니 백성들은 얼마나 더 힘들어졌겠어요. 그렇다고 조정에 공납을 제대로 납부한 것도 아니에요. 오히려 중간에서 빼먹기도 했죠. 결국 방납으로 국가 재정은 더욱 어려워졌습니다. 반면에 상인들과 그들과 관련된 세력가들만 이익을 챙길 수 있었죠.

이대로 변호사 그렇다면 방납은 백성들이 공물에 부담을 가지게 되자 발생한 것인데요? 그런데 어떻게 이것이 피고의 책임인가요?

임꺽정 그야 물론 책임이 있죠. 왜냐하면 공물은 국가에 내는 것이기 때문입니다.

문정 왕후 무엄하도다! 그 입 다물지 못할까!

판사 피고! 신성한 법정에서 소리 지르지 마십시오.

문정 왕후 죄송합니다. 하지만 난 정말 억울합니다. 백성들의 공물 부담이 늘어난 것은 내 책임이 아니라 술과 여자를 좋아했던 연산군 때문입니다. 연산군이 국가의 돈

교과서에는

▶ 당시 농민들에게 가장 큰 부담을 주던 것은 공납이었어요. 특히 방납의 폐해가 나타나면서 많은 농민들이 농촌을 떠나 유랑민이 되었지요.

을 흥청망청 써 버리는 바람에 국가의 재정이 바닥이 났죠. 그래서 세금을 늘리려고 양반들에게 더 거두려고 했지만, 그들이 가만있겠습니까? 그래서 할 수 없이 백성들이 내는 공물의 부담을 조금 늘린 것뿐입니다. 이것이 지속되어 백성들이 힘들어하자, 방납까지 등장했지요. 그러니까 방납이 등장하게 된 원인을 제공한 것은 내가 아니라 연산군이에요.

이대로 변호사　그렇습니다. 존경하는 판사님, 어느 사회에서든 문제점은 생깁니다. '임꺽정의 난'이라는 것은 사회의 문제와는 상관없이 일어난 것입니다. 그리고 오늘 재판에서 원고는 자신이 사회를 혼란스럽게 한 것을 인정하였습니다. 원고는 스스로 자신의 무덤을 판 것이나 마찬가지입니다.

김딴지 변호사　과연 그럴까요? 원고가 반란을 일으킨 데에는 합당한 이유가 있었습니다. 이에 대해서 원고의 말을 직접 들어 보았으면 합니다.

판사　좋습니다.

김딴지 변호사　원고는 자신의 활동으로 인해 조선 사회에 큰 혼란을 주었다는 것을 인정하십니까?

임꺽정　인정합니다.

김딴지 변호사　솔직하시군요. 그렇다면 원고는 왜 관아의 곡식과 물건을 훔쳤나요?

임꺽정　내가 살던 황해도는 중국과 가까운 거리에 있었는데, 다른 곳보다 살기 힘든 곳이었어요. 왜냐하면 당시 조선은 중국과 사대 관계를 맺고 있었기 때문이죠. 말이 사대 관계지, 조선은 거의 중국이 시키는 대로 다 했지요.

이대로 변호사   이의 있습니다. 지금 원고는 본 사건과 관련이 없는 중국과 조선의 관계에 대한 개인적인 생각을 거리낌 없이 발언하고 있습니다.

판사   인정합니다. 원고는 자신이 잘 모르는 부분에 대해서는 발언을 자제해 주세요.

임꺽정   아닙니다. 내 말은 사실이에요! 조선에 중국 사신이 올 때면 우리들은 많은 양의 먹을 것과 마실 것을 준비해야 했어요. 이것은 모든 사람들이 다 아는 사실입니다. 중국 사신은 주로 압록강을 건너서 평안도를 거쳐 황해도를 지나서야 한양에 도착하게 됩니다. 그러다 보니 황해도는 사신이 지나가는 길목에 위치했다는 이유만으로 그들에게 먹을 것과 잠잘 곳을 마련해 줘야 했어요. 그 모든 비용을 백성들이 부담해야 했습니다.

김딴지 변호사   그렇습니다. 원고의 말처럼 당시 조선 백성들의 삶은 그야말로 빼앗기기만 하는 삶이었습니다. 제가 조사한 바에 의하면 황해도의 바다를 접한 지역에서는 물고기를 잡는 일도 매우 힘들었다고 하던데, 그 이유가 뭡니까?

임꺽정   바다가 자신들의 소유라는 말도 안 되는 척신들의 주장 때문이죠. 참으로 어이가 없는 일이죠. 그래서 하루 종일 힘들게 고기를 잡아 가지고 돌아오면 척신들이 자기들 바다에서 잡은 것이라면서 몽땅 빼앗아 갔습니다. 그러다 보니 생선 장수들이 사라졌고,

결국 생선과 소금의 가격이 엄청나게 올라갔죠.

김딴지 변호사 바다가 자신들의 소유라고요? 정말 웃음이 다 나오네요. 그건 그렇고 원고가 처음 도적 활동을 시작한 곳이 어디죠?

임꺽정 내가 도적 활동을 시작한 곳은 황해도 봉산입니다. 예로부터 봉산은 갯벌 지대로 농토가 척박했고, 갈대밭만이 무성했어요.

김딴지 변호사 농사 짓기가 힘들었겠네요?

임꺽정 그렇습니다. 그래서 나와 같은 천민이나 양인들은 갈대를 꺾어다가 빗자루, 삿갓, 그릇 등을 만들어서 시장에 팔아서 생긴 돈으로 생계를 꾸려 나갔습니다. 그런데 권세가들이 간척지를 개간한다면서 땅을 마구 사들이더니 결국 갈대밭까지 욕심을 냈습니다. 갈대밭은 노전(蘆田)이라고 불렀는데 쓸모없는 땅이라는 이유로 빼앗아 갔습니다. 그리고 그 땅에 있는 갈대를 가져다 우리 백성에게 팔았습니다. 예전에는 공짜로 얻었던 갈대를 돈을 주고 사서 그것으로 그릇이나 삿갓을 만들어 팔게 되니 먹고살 길이 더욱 막막해졌습니다. 살길이 막막한 백성은 조정에 상소문을 올려 봤지만 아무 소용도 없었어요. 게다가 내수사에서도 갈대밭을 빼앗아서 백성들을 상대로 갈대 장사를 했어요.

김딴지 변호사 백성이 정말 살기 어려웠다는 것은 잘 알겠습니다. 그렇다고 모든 백성이 원고처럼 도적질을 한 건 아니잖아요.

임꺽정 맞습니다. 백성은 더 이상 농사를 짓고, 어업이나 수공업으로 생활을 이어 갈 수 없었기 때문에 다른 동네로 도망을 갔던 것입니다.

갈대가 아주
잘 자랐구만!
만수네
갈대로 만든
삿갓 사세요!
순덕이네
갈대로 만든
그릇 사세요~!
갈대밭이 없었으면
어떻게 살았을까?
돌쇠네
만덕이네

갈대밭은 다 내수사 꺼!!
갈대밭을 다
빼앗아 버리면
우린 어떻게 살아요?
갈대를 갖고 싶으면
돈을 내고 사라고!
삿갓 1개를 사면 1개를
공짜로 주겠소!
에휴…!
가격이 비싸니
남는 게 없네!

문정 왕후　　그것 보세요. 국가 재정이 부족해진 이유가 저기에 있다니까요. 백성이 다들 도망가고, 세금을 내지 않았다고 원고도 인정을 하잖아요.

김딴지 변호사　　백성이 도망간 원인이 피고와 훈척들 때문이라는 생각은 안 해 보셨나요? 나라의 국모라면 한 번쯤 그런 생각을 했을 법한데, 하긴 그런 생각을 조금이라도 하셨더라면 지금 이 자리에 없겠죠! 피고는 부끄러운 줄 아세요!

문정 왕후　　무엄하도다!

원고 임꺽정과 피고 문정 왕후는 뜨거운 눈빛을 교환하며 팽팽하게 맞섰다. 그야말로 불꽃 튀는 기싸움이 벌어졌다. 마지막 재판 날에 웃는 사람은 과연 누구일까? 방청객들과 배심원들은 이런 생각을 하며 두 사람을 번갈아 바라보았다.

판사　　조용히 하세요. 원고는 계속하세요.

임꺽정　　왜 도망간 백성들이 도둑질을 하게 됐는지 한 번이라도 생각해 보신 적 있나요? 그것은 바로 도망간 백성들이 숨어 산다고 해도 먹고살 수 있는 다른 방법이 없었기 때문입니다. 그리고 이미 연산군 때부터 도적들이 활동했었고, 내가 살았던 명종 대에 더 많은 도적들이 활동했다는 것뿐이죠.

판사　　결국 피고가 수렴청정을 하면서 권력이 윤원형과 훈척들에게 돌아갔습니다. 이들은 권력을 바탕으로 하여서 백성을 착취했고,

그로 인해 살기 어려워진 백성들이 하나둘 도둑의 길을 걷게 되었다는 사실을 알 수 있었습니다. 물론 그렇다고 해서 원고가 도적이 되어서 사회에 혼란을 더욱 부채질한 것은 정당화될 수 없겠으나, 정상 참작은 될 수 있을 것이라고 생각합니다.

2 임꺽정은 의적일까, 역적일까?

이대로 변호사 　판사님께서 말씀하신 대로 아무리 살기 어렵다 할지라도 도둑질이 그 해결책이 될 수는 없습니다. 그리고 당시 몇몇 지배층의 비리와 부정부패로 인해 어려움을 겪은 계층은 대부분 농민들이지 임꺽정과 같은 백정은 아니었습니다. 오히려 당시 백정은 백성들로 인해 경제적인 호황을 누리고 있었습니다.

판사 　백정이 경제적 호황을 누린다는 말은 처음 들어 보는데요?

김딴지 변호사 　그것은 제가 설명해 드리겠습니다. 황해도에서는 고려 시대에 몽고군이 주둔하면서 쇠고기를 먹기 시작했습니다. 이로 인해 도살업을 하는 백정이 나타나게 된 것이지요. 명종 대에는 황해도와 평안도 지방의 경제 사정이 좋지 않았습니다. 이는 앞서 많이 밝혀진 바이지요. 명종 시절에는 흉년으로 인해 백성들의 생활이 많이 어려워졌습니다. 그래서 농가에서 키우던 소를 팔기도 했어요. 그러다 보니 원고와 같은 백정들의 할 일이 늘었던 것입니다.

이대로 변호사 아닙니다. 이때 세력을 확대하게 된 백정들이 다른 계층의 백성들과 힘을 합쳐서 심각한 혼란을 일으킨 것입니다. 원고에게 묻겠습니다. 원고는 누구와 함께 도적질을 하였습니까?

아전
조선 시대 중앙과 지방 관청에 소속된 하급 관리를 뜻합니다.

임꺽정 자꾸 도적질, 도적질 하지 마십시오. 난 의적이었다니까요. 아무튼 나 혼자서 도적질한 것은 아니고, 많은 백성들이 나의 뜻에 동참했습니다. 그때는 모두에게 살기 어렵다는 공감대가 형성되어 있었으니까요.

이대로 변호사 원고와 함께 활동하였던 사람들은 누구였죠?

임꺽정 대부분 농민들이었어요. 앞서 말한 대로 수탈에 지친 농민들이 고향을 떠나서 나에게 합류하였죠. 그리고 도망 나온 노비들, 장사하는 상인들, 물건을 만들던 수공업자들과 아전(衙前)들도 나와 함께 활동했었죠. 내가 정말로 나의 잇속만 챙기려 했다면 이렇게 다양한 계층의 사람들이 모여들지 않았을 것입니다. 이 모든 것이 다 백성들의 삶을 힘들게 한 양반 지배층들에게 매운 맛을 보여 주기 위한 것이었지요.

이대로 변호사 지금 원고는 거짓말을 하고 있습니다. 원고는 자신의 죄를 덮기 위해서 애매한 사람들까지 자신과 함께 도적질했다고 거짓말을 하고 있습니다. 이에 대해서는 피고의 말을 직접 들어 볼까 합니다.

판사 허락합니다.

이대로 변호사 네. 피고는 원고의 의견에 대해서 어떻게 생각하십니까?

문정 왕후 원고는 지금 거짓말을 하고 있어요. 당시 ▶조선은 상업이 발달했기 때문에 상인들이 도적이 될 이유가 전혀 없었어요. 상인들은 장터에서 물건을 팔면서 많은 이

교과서에는

▶ 16세기 중엽에 이르러 장시는 전국적으로 확대가 되었어요. 보부상 등의 상인들은 장시에서 농산물, 수공업 제품, 수산물, 약재 등을 판매 유통시켰지요.

득을 보았기 때문이죠.

이대로 변호사　그런데 원고는 왜 그런 주장을 할까요?

문정 왕후　상인들이 원고와 함께 활동한 것이 아니라, 임꺽정 세력이 상인으로 위장해서 도둑질을 한 것이기 때문입니다. 그들은 주로 상인들이 물건을 대량으로 운반하는 길을 습격해서 물건을 빼앗고, 심지어 사람도 죽였습니다. 그러고 나서 그 도둑질한 혐의는 상인들에게 덮어씌웠죠.

이대로 변호사　존경하는 판사님, 당시 임꺽정의 도적 활동에 대해 구체적으로 알아보기 위해서 증인을 모셨습니다. 당시 영중추부사이자 피고의 친동생인 윤원형을 증인으로 채택합니다.

김딴지 변호사　이의 있습니다. 윤원형은 이번 재판의 공범이라고 해도 될 정도로 피고와 비슷한 인물입니다. 어떻게 이런 인물을 증인으로 세울 수 있나요?

이대로 변호사　윤원형은 당시 최고의 세력가였기 때문에 누구보다도 '임꺽정의 난'으로 인한 피해 상황을 잘 알고 있습니다. 증인 윤원형의 발언은 오늘 재판을 알아보는 데 큰 도움이 될 것 같습니다.

판사　인정합니다. 증인은 앞으로 나와서 선서하세요. 증인은 이번 재판과 깊은 관련이 있는 만큼 '임꺽정의 난'에 대해서 어떤 거짓도 없이 답변하시길 바랍니다.

윤원형　당연합니다. 선서! 나 윤원형은 진실만을 말하겠습니다.

이대로 변호사　안녕하세요. 먼 걸음 해 주셔서 고맙습니다.

윤원형　내 누이의 일이니까 당연히 와야죠. 도적 임꺽정이 우리

영수
여러 사람 가운데 우두머리를 뜻합니다.

숙청
어지러운 상황을 바로잡는 것을 의미합니다. 같은 단어로는 처형, 숙정 등이 있습니다.

누이를 상대로 소송을 제기했다는 소식을 듣고 참으로 어이가 없었습니다. 이 재판에서 기필코 승리해서 임꺽정의 코를 납작하게 해 줄 것입니다. 그러니까 변호사님도 힘내세요.

이대로 변호사 예. 마지막까지 최선을 다하겠습니다. 그럼, 우선 간단한 자기소개를 부탁드립니다.

윤원형 네. 나로 말할 것 같으면, 조선 중기의 문신이자 소윤의 영수라고 할 수 있습니다. 에헴, 그리고 다들 아시다시피 중종의 제2계비인 문정 왕후의 친동생이기도 합니다. 내 누이가 당시 조선 최고의 어른인 대왕대비였기 때문에 내가 옆에서 많이 도와주었죠. 또한 1547년(명종 2)에 발생한 양재역 벽서 사건 때에 역적의 무리들을 숙청(肅淸)했던 사실은 유명합니다.

이대로 변호사 네. 익히 들어서 잘 알고 있습니다. 증인께서는 원고를 잘 알고 계시죠?

윤원형 아주 잘 알죠. 원고는 조선 역사상 최고로 비겁하고 악덕한 도둑입니다.

원고 임꺽정은 날카로운 눈빛으로 윤원형을 쳐다보았다. 하지만 윤원형은 이에 아랑곳하지 않고 오히려 가소롭다는 표정을 지으며 더 큰 소리로 말하였다.

윤원형 그런데 원고 본인 입으로 자신을 의적이라고 하다니! 무식하면 용감하다고, 임꺽정의 그 용기가 대단하군요!

이대로 변호사　증인께서는 원고가 의적이 아니라고 생각하시나요?

윤원형　의, 의적이오? 하하하. 의적은 무슨, 원고는 도둑이죠. 도둑 중에서도 악랄한 도둑입니다. 그리고 역적입니다.

이대로 변호사　원고의 활동 시기는 언제였나요?

윤원형　주로 추수가 끝난 농한기에 활동하였습니다. 아무리 농사를 짓지 않고 도망간 농민들이 많았다 하더라도 농사를 짓는 백성들은 여전히 많았습니다. 원고의 목표는 바로 이들이었습니다. 왜냐하면 추수가 끝나면 수확한 곡식들이 많이 생기기 때문입니다. 이렇게 백성들이 힘들게 추수한 곡식을 원고와 그 무리들이 몽땅 훔쳐갔습니다. 뿐만 아니라 이들은 곡물을 실은 수레가 지나갈 때 몰래 숨어 있다가 훔치기도 하였습니다.

김딴지 변호사　이의 있습니다. 증인은 당시 백성의 땅을 빼앗고, 돈을 받고 관직을 파는 등 수많은 비리를 저지른 자입니다. 증인과 그 주변 사람들이 저지른 일로 인해서 얼마나 많은 백성들이 고통을 받았는지 모릅니다. 조선 중기 도적이 많이 발생한 이유는 바로 증인 때문이라고 해도 과언이 아닙니다. 다시 말해서 그는 본 재판의 증인으로는 적절하지 않으므로 퇴정을 요구합니다.

판사　허락하지 않겠습니다. 증인은 피고의 측근으로서 본 재판과 영향력이 깊은 인물입니다. 증인 윤원형은 계속 진행하세요.

윤원형　네. 백성들이 원고와 활동한 것은 그가 무서웠기 때문입

농한기
농사일이 바쁘지 않은 여유로운 때를 의미합니다. 주로 추수 후부터 다음 농사 모내기까지의 기간을 뜻합니다.

니다. 폭력적이고 잔인한 원고는 자신의 말을 듣지 않으면 그 자리에서 죽이는 경우도 많았습니다. 이렇듯 원고는 백성들이 피땀 흘려 수확한 곡식을 추수할 시기를 기다렸다가 훔쳤고, 그것을 팔아서 이득을 챙겼습니다. 백정인 원고가 상인으로 변신을 한 겁니다.

이대로 변호사 원고는 훔친 곡식을 몰래 팔았나요?

윤원형 원고는 변장을 해서 사람들이 많이 몰리고 상공업이 발달한 도시인 개경, 평양, 한양 등지로 들어왔습니다. 이곳에서 규모가 큰 시장이 많이 열렸기 때문입니다. 원고는 시장에서 도둑질한 곡식을 팔아서 이득을 챙겼습니다.

이대로 변호사 한양 등과 같은 큰 도시에서 원고는 훔친 곡식만 팔고, 도둑질은 전혀 안 했었나요?

윤원형 원고는 당연히 한양에서도 도둑질을 했었죠. 한양과 같은 큰 도시는 원고에게 최고의 장소라고 할 수 있거든요. 조선에서는 쌀 이외의 물품들을 국가에 세금으로 내는 제도가 있었습니다. 그래서 조선의 수도 한양에는 지방 곳곳으로부터 올라온 공물들이 모입니다. 공물 중에는 진귀한 것들도 많았는데, 그러한 상품들은 주로 왕실로 보내졌습니다. 그런데 원고는 이러한 공물까지도 훔쳤습니다. 한양에 나타나서 각지에서 모여드는 공물을 훔쳐서 달아난 원고가 의적이라고요? 난 결코 동의할 수 없습니다!

이대로 변호사 증인의 진술을 들어 본 결과 원고는 상당히 치밀하게 계획을 세웠음을 알 수 있습니다. 원고는 어떻게 하면 이익을 챙길 수 있고, 훔칠 물건들이 어디에 많은지 이미 다 알고 있었습니다.

김딴지 변호사 이의 있습니다. 비록 원고는 물건을 훔쳤지만 백성에게 나누어 주었습니다. 만약 원고가 자신을 위해서 물건을 훔쳤다면 훔친 물건들을 왜 백성들에게 골고루 나눠 주었을까요. 다시 한번 말하지만 원고는 자신의 이익을 위해서 물건을 훔친 게 아닙니다. 뻔뻔하게 증인석에 앉아 있는 윤원형과 같은 지배층의 수탈로 인해 농사를 지어도 절반을 빼앗기고, 고향을 떠나 유랑하는 백성들이 살 수 있도록 도와주기 위한 것이었습니다. 그렇기 때문에 많은 사람들이 원고와 함께했던 것입니다. 임꺽정 개인을 위한 도적질이라면 농민, 상인, 수공업자를 비롯해서 다양한 계층의 사람들이 굳이 함께하지 않았을 것입니다.

이대로 변호사 과연 그럴까요? 원고는 죄가 없는 사람들을 때리고, 심지어 죽이기까지 했습니다. 설령 원고가 의적이 맞다 하더라도 이러한 야만스러운 행위들은 결코 용서받을 수 없는 것입니다. 이에 대해 증인은 어떻게 생각하세요?

윤원형 아마 원고는 조선의 백정 중에서 가장 잔인하고 욕심이 많을 것입니다. 원고는 지나가는 나그네의 물건도 훔쳤고, 아무 죄도 없는 주민을 죽였습니다. 그리고 민가에 불을 질러 소와 말을 훔쳤습니다. 만약 원고에게 반항이라도 하면, 그 끝은 죽음이었습니다. 황해도 평산 지역에서는 대낮에 민가 30여 곳을 불태우고 사람들을 죽였다는 보고를 받았습니다. 그리고 이러한 범죄를 저지르는 원고를 잡기 위해서 원고가 있는 곳을 안다고 대답한 사람을 잡아다가 배를 갈라 죽였습니다. 이 얼마나 잔인합니까! 한번은 임꺽정을 관

이게 다 뭐야?
백성들은 쫄쫄
굶고 있는데!
들키면
끝장이야! 쉿!
다 같이 잘 먹고
잘 살려면
이 방법밖에 없어.

와! 흰쌀밥 먹을 수
있는 거예요?
다들 조심해!
굶주린
백성들에게 다
나눠 주자고!

자, 힘 내세요.
임꺽정 씨!
고맙습니다.
자네 덕분에
살았네.
임꺽정이
최고야!

아에 신고한 사람을 죽이려고 하니까 그 아들이 아버지를 구하고자 눈물을 흘리며 대신 죽겠다고 했습니다.

이대로 변호사 아버지와 아들은 어떻게 됐습니까?

윤원형 휴, 두 사람 다 원고에 의해서 죽임을 당했습니다. 백성들을 위한 의적이 아무 죄가 없는 백성을 이토록 잔인하게 죽여도 되는 겁니까? 존경하는 판사님, 원고는 도둑이면서 살인자입니다. 또한 원고는 관아를 습격하여 관리들도 죽였습니다. 그리고 그를 진압하기 위해 나선 관군에게도 피해를 주었습니다.

이대로 변호사 그렇습니다. 증인의 발언처럼 원고는 결코 의적이 아닙니다. 이를 위해 한때 임꺽정의 부하로 있었던 서림을 증인으로 신청합니다.

판사 허락합니다. 증인은 앞으로 나와서 선서하세요.

서림이 원고의 눈치를 보면서 살금살금 걸어 나왔다. 원고는 서림을 무섭게 노려보다가 갑자기 자리에서 일어났다.

임꺽정 배신자 서림 이놈! 너 잘 만났다!

서림 에그머니나!

판사 이곳은 신성한 법정입니다. 원고는 예의를 갖추세요!

임꺽정 존경하는 판사님, 서림은 배신자입니다. 배신자의 진술은 들을 필요도 없습니다.

판사 그것은 원고가 아닌 법정에서 판단할 것입니다. 원고는 어서 자리에 앉으세요!

원고는 몸을 부들부들 떨며 힘겹게 자리에 앉았다.

판사 증인 서림으로 오히려 원고에 대해 자세히 알아볼 수 있는 기회인 것 같습니다. 피고 측 변호인은 시작하세요.

이대로 변호사 네. 증인은 원고의 부하였죠?

서림 그렇습니다. 하지만 나는 임꺽정에 크게 실망하여 마음을 고쳐먹기로 결정했지요. 그래서 '엄가'라는 이름으로 한양에 잠입했다가 관군에 잡히게 됐었고, 오히려 그 덕분에 새로운 인생을 살게 되었죠. 난 원고를 체포하는 데 큰 공을 세운 사람이니까…….

이대로 변호사 그렇군요. 원고는 조선의 조정과 관군들에게 어떤 피해를 주었나요?

서림 원고는 관아를 습격해서 감옥을 부수고 수백 명의 죄수들을 감옥에서 탈출시켰습니다. 또한 원고의 부인이 관아에 잡혀 있었을 때에는 대규모의 침투 작전을 세우기도 했지요.

이대로 변호사 원고와 함께 생활한 적이 있었으니 누구보다 원고에 대해 잘 알겠군요. 원고는 어떤 사람입니까?

서림 나는 아직도 임꺽정이란 이름만 들어도 몸이 부들부들 떨립니다. 왜냐하면 임꺽정은 활과 도끼, 창, 칼 등의 무기들을 항상 몸에 지니고 다닐 정도로 폭력적인 사람이었으니까요. 키도 크고, 힘도 세서, 마음만 먹으면 호랑이도 때려 잡을 수 있는 사람이죠. 그런 그가 던진 돌에 맞아서 죽은 사람이 수십 명입니다. 나도 임꺽정과 지낼 때 많이 맞았죠. 이유 없이……. 아직도 그때를 생각하면 화가 납니다.

금부도사
조선 시대에 의금부에 속하는 벼슬로 임금의 명령에 따라 중한 죄인을 신문하는 일을 맡았던 사람을 말합니다.

이대로 변호사 정말 충격적이네요. 사실입니까?

서림 네. 그뿐만이 아니에요. 원고는 수령들을 죽이기 위해 치밀한 계획도 세웠어요. 그리고 그 계획을 실제로 실행해서 목숨을 잃은 수령들만 해도 10여 명이 넘어요.

이대로 변호사 정말 잔인하군요. 원고는 어떤 식으로 계획을 세웠습니까?

서림 봉산 군수를 죽이려고 계획을 세운 적이 있는데요. 이흠례는 봉산 군수가 되기 전부터 원고와 그 일당을 체포한 적이 많았습니다. 그래서 원고는 자신의 체면을 세우고 보복을 할 겸 이흠례를 죽이기 위한 계획을 세웠죠. 뿐만 아니라 당시 봉산 군수였던 박응천도 죽이려 했어요. 이때 원고는 금부도사로 변장을 하고 박응천에게 다가가 "군수는 나와서 명을 받으라."고 말하면서 철저히 속였지요. 다행히 박응천은 재빨리 도망가서 죽지는 않았지만 죽을 때까지 원고를 두려워하며 살았죠.

김딴지 변호사 이의 있습니다. 지금 증인의 진술은 원고가 사람을 죽였다는 것이 아닙니다. 수령이 백성들을 괴롭히면 이 정도로 계획은 할 수도 있는 것 아닌가요? 계획만으로 죄를 묻는 것은 옳지 못합니다.

판사 사람을 죽이기 위해 계획을 세운 것도 죄입니다. 증인은 계

봉산 군수 박응천을
잡아라!
임꺽정이 변장을 했구나!
걸음아 나 살려라!

속하세요.

서림 네, 다행히 이흠례와 박응천은 죽지는 않았지만 죽은 사람이 더 많았어요. 원고와 그 일당의 세력이 점점 커지자 조정에서는 이를 진압하기에 나섰지요. 특히 개성부 포도관 이억근은 원고와 같은 도적의 무리를 적극적으로 체포했지요. 이억근은 원고와 추격전을 펼치다가 일곱 대의 화살을 맞고 그 자리에서 사망하였습니다. 그리고 진압군 부장 연천령은 원고를 체포하기 위해 군사 500여 명과 함께 구월산으로 갔다가 원고와 그 부하들로부터 죽임을 당했어요.

임꺽정 비록 서림, 넌 우리를 배신한 자이지만……, 그래도 한때 나를 가장 존경한다고 입버릇처럼 말했던 네가 감히 나에게 도적이라고 하다니. 참으로 씁쓸하구나. 그래도 나는 너와 지냈던 옛정을 생각해서 배신자인 너를 살려 주었는데…….

원고는 안타까워하며 증인을 바라보았다. 그러자 서림은 난감한 표정을 지으며 고개를 휙 돌려 원고의 눈빛을 피했다.

임꺽정 어찌 너는 변한 게 하나도 없구나. 지금이라도 늦지 않았다. 네 죄를 고백하면…….

이대로 변호사 이의 있습니다! 지금 원고는 증인이 예전에 자신의 부하였던 점을 교묘하게 이용하고 있습니다.

임꺽정 아닙니다. 나는 그저 서림에게 다시 한 번 기회를 주고 싶어서 그렇게 말했던 것이오. 누구나 실수는 하니까…….

원고는 온화한 표정으로 증인을 바라보았다. 이에 서림은 입술을 깨물고서 고개를 푹 숙였다.

서림　……．

이대로 변호사　그렇군요. 이처럼 백성들을 보살피기 위해 애쓰는 관료들을 죽인 것은 조선의 기강을 무시한 것이나 마찬가지입니다. 당시 원고를 잡기 위해 조정에서는 많은 노력을 했다고 하던데 사실입니까?

서림　예. 원고는 조선을 쑥대밭으로 만든 자입니다. 백성들은 원고가 언제 나타날지 몰라서 잠도 제대로 못 잤어요. 그래서 조정에서는 조선과 백성의 평화를 위해 다양한 방법들을 생각해 내서 원고를 잡으러 다녔지요.

이대로 변호사　원고의 체포가 반드시 필요했겠네요?

서림　네. 그래서 조정에서는 백성들에게 원고를 잡아오면 큰 상을 주겠다고 했지요. 어느 정도로 큰 상이었는 줄 아십니까? 수령이 원고를 잡아오면 정3품 당상관으로 승진시켜 주겠다고 했었죠. 그리고 원고가 자주 나타난 황해도 지역에 순경사를 파견해서 원고를 체포하라고 명령을 내렸지요.

이대로 변호사　일부에서는 이런 포상 때문에 오히려 백성이 더 큰 피해를 받았다고 주장합니다. 왜냐하면 보상을 노리고 원고를 잡았다고 거짓말로 고발하는 경우가 많았기 때문입니다.

김딴지 변호사　존경하는 판사님, 그 부분에 대해서는 제가 말씀드리겠습니다.

판사　좋습니다.

김딴지 변호사　피고 측 변호인 말씀대로 당시 상을 노리고 원고를 잡았다고 거짓 고발을 하는 사람들이 상당히 많았습니다. 이로 인해 조선 사회는 그야말로 혼란의 소용돌이 그 자체였습니다. 가짜 임꺽정 체포 사건에 대해 말씀드리겠습니다. 순경사들은 공을 세우기 위해서 원고를 잡았다고 허위 보고를 하였습니다. 그러고 나서 엉뚱한 백성을 잡아 와서 고문을 한 뒤에 백발의 할머니를 원고의 아내라고 거짓말하였습니다. 그리고 엉뚱한 남자아이를 데려와서 원고의 의붓 아들이라고 속이기도 하였습니다. 그 외에도 원고와는 아무런 상관이 없는 백성을 잡아다가 원고의 가족이라고 속여서 곤장을 맞게 하기도 하였습니다.

판사　그렇군요. 이에 대해 피고 측 변호인은 어떻게 생각하세요?

이대로 변호사　네. 방금 원고 측 변호인의 발언은 순경사들의 폐해를 확대 해석하고 있습니다. 당시 조정은 원고를 체포해서 사회적 혼란을 해결하려는 의지가 분명했습니다. 이에 대해서 증인에게 묻겠습니다. 증인, 당시 원고의 친형이 잡혀 온 적이 있었던 것이 사실입니까?

서림　네.

이대로 변호사　증인은 잡혀 온 사람이 원고가 아니라는 것을 알았었나요?

서림　네. 나는 그 사람은 원고가 아니라고 솔직히 말했어요. 아마 내가 아니었으면 원고를 영영 못 잡았을 거예요. 왜냐하면 다들 원고를 빼닮은 형 가도치를 원고로 착각했기 때문이에요. 내가 없었더라면 결코 원고를 잡지 못했을 것입니다.

임꺽정 배신자는 조용히 해라!

서림 난 배신자가 아니야. 당신의 잔인함에 치를 떨었던 힘없는 백성일 뿐이라고. 흥!

한 치의 양보도 없는 두 사람의 신경전에 법정 안은 소란스러워졌다.방청객과 배심원들은 겁먹은 표정으로 두 사람을 번갈아 가며 쳐다보았다.

판사 신성한 법정에서 이게 웬 소란입니까! 조용히 하세요. 그리고 지금부터는 원고가 언제 어떻게 잡혔는지에 대해 살펴보도록 합시다. 피고 측 변호인부터 진행하세요.

이대로 변호사 네. 조정에서는 원고를 검거하기 위해서 황해도 서흥 지역에 토포사 남치근을 보내는데요. 남치근은 임꺽정 못지않은 힘을 가진 자였습니다. 결국 남치근은 치밀한 계획을 세웠고 원고를 체포하는 데 성공하였습니다. 어찌 보면 이 시대의 진정한 영웅은 원고가 아닌 남치근이 아닌가요! 원고로 인해서 조선은 쑥대밭이 되었습니다. 그런데 원고는 자신의 죄를 뉘우치기는커녕 문정 왕후에게 소송을 제기하였습니다. 원고는 오늘 재판을 계기로 자신의 죄를 깨닫고 반드시 뉘우치기 바랍니다. 이상입니다.

임꺽정　내가 양반이나 관료들의 곡물과 재산을 훔쳤던 것은 가난한 백성에게 나눠 주기 위해서였습니다. 이것은 변명이 아닙니다. 당시 굶어 죽는 백성이 얼마나 많았는지 아십니까? 남녀노소(男女老少) 할 것 없이 먹을 게 없어 병들고 굶어 죽는 사람들이 많았습니다. 가난하면 그냥 굶어 죽어도 된답니까? 가난이 죄입니까?

남녀노소
남자, 여자, 나이든 사람, 젊은 사람 등 모든 사람을 아우르는 말입니다.

원고의 목소리가 파르르 떨렸다. 이에 법정 안이 숙연해졌다.

문정 왕후　감히 어디 함부로 의적이라고 갖다 붙이느냐! 아주 낯짝 한번 두껍구나. 모름지기 의적이란 진정으로 백성과 나라를 위한 마음이 있어야 한다. 너 때문에 죄 없는 백성들이 죽고, 나라가 혼란에 빠졌는데 네가 어떻게 의적이냐!

이대로 변호사　피고의 말이 맞습니다. 증인께서도 동의하십니까?

서림　당연합니다. 의적이라 불리기 위해서는 반드시 타당한 이유가 있어야만 합니다. 바로 문제가 있는 왕권이나 지배 권력에 도전하는 명분이 있어야만 의적이라고 할 수 있습니다. 그런데 명종이 왕이 된 것, 문정 왕후가 수렴청정을 한 것은 합법적이었습니다. 그러므로 지배권에 도전할 이유가 없는 것입니다. 그럼에도 원고는 백성과 국가에 피해를 주었지요. 그를 진압하기 위해 공권력이 심각하게 사용되었고, 이로 인해 오히려 백성의 안전이 불안해졌습니다. 그는 의적이라 할 수 없습니다.

조선의 백성들이
굶어 죽어 가고 있도다!
흑흑!

이대로 변호사 원고가 굉장히 사치가 심했다는 이야기도 있는데, 이것이 사실입니까?

서림 그렇습니다. 원고는 개인의 욕심을 채우기 위해 도적질을 한 것이 분명합니다. 원고는 사치가 심해서 훔쳐 낸 물건들 중에서 금잔, 옥잔으로 술을 마시고 임금님처럼 붉은 옷에 금실로 수를 놓아서 걸치고 다녔습니다. 부하들이 굶고 있어도 원고는 항상 여러 명의 첩을 거느리고 술과 고기를 즐겨 먹었습니다. 그럼에도 원고는 자신이 저지른 모든 문제에 대해 지배층 때문이었다고 책임을 떠넘기고 있습니다.

이대로 변호사 그렇습니다. 의적이라면 백성들의 피해를 극복하기 위한 대안을 제시하고 함께 노력했어야 합니다. 그렇지만 물건을 훔치는 과정에서 오히려 공포감을 유발해 자신의 말을 듣지 않으면 백성을 죽이고, 나아가 국가를 우습게 보고 공권력에 도전해 더욱이 자신의 이익만을 추구한 것은 도둑 중에서도 질 나쁜 도둑이지 의적이라 볼 수 없습니다. 이상입니다.

이대로 변호사가 기세등등한 표정으로 자리로 돌아갔다. 그러자 갑자기 원고의 얼굴이 어두워졌다.

판사 원고 측 변호인, 간단하게 반론하세요.

김딴지 변호사 예, 원고는 증인 서림과는 어떤 관계였나요?

임꺽정 증인은 한때 나를 가장 존경했지요. 그래서 나를 형이라

숭례문
우리나라 국보 제1호입니다.

고 부를 정도로 매우 가까운 사이었습니다.

김딴지 변호사 서림이 아전 출신이라고 들었습니다. 서림은 어떤 부하였습니까? 솔직하게 말씀해 주세요.

임꺽정 그렇습니다. 아전 출신이었던 서림은 변하기 전까지만 하더라도 굉장히 영리하고 용맹스러운 부하였습니다. 그래서 그에게 내가 자리를 비웠을 때 나를 대신해 총지휘를 할 수 있는 권한도 주었지요. 참으로 용감하고 책임감 있는 부하였습니다.

김딴지 변호사 정말로 많이 아끼던 부하였군요.

임꺽정 네, 1560년(명종 15) 8월, 나는 서림을 비롯한 부하들을 데리고 한양으로 갔었죠. 그런데 그때 나의 아내와 부하들이 관군들에게 체포되었지요.

김딴지 변호사 부인은 그 후 어떻게 됐나요?

임꺽정 나의 부인은 형조 소속의 종이 되고 말았습니다. 이게 말이나 됩니까. 아무런 죄도 없는 아내를 어떻게……. 이때 나는 정말 괴로웠습니다. 아내 하나 지키지 못한 남자가 어떻게 백성을 구하고, 조선을 위할 수 있겠습니까. 결국 나는 감옥에 있는 아내와 부하들을 구출해 내기 위한 계획을 세웠습니다.

김딴지 변호사 성공했나요?

임꺽정 ……. 네. 하지만 1560년(명종 15) 12월 숭례문 밖에서 '엄가'라는 이름의 도둑이 한 명 체포되는데요. 그가 바로 서림이었습니다.

김딴지 변호사 그런데 왜 이름을 '엄가'라고 했나요?

임꺽정 　당시 나는 봉산을 중심으로 평안도의 성천, 맹산, 양덕과 강원도의 이천 등지에서 활동을 했었습니다. 조정에서는 나를 잡기 위해서 철통같이 경계를 했고 심지어 총동원령까지 내렸습니다. 그래서 나와 내 부하들은 정보를 알아내기 위해서 관리의 이름이나 관리의 친척 이름으로 사칭하여 활동하였는데, 그때 서림은 '엄가'라는 이름으로 활동했지요.

감언이설
귀가 솔깃할 정도로 상대방에게 이로운 조건을 내세워 꾀는 달콤한 말을 의미합니다.

김딴지 변호사 　그렇군요. 서림은 체포되고 나서 모든 것을 관아에 털어놓았나요?

임꺽정 　그렇습니다. 나와 내 부하들이 있는 곳을 알려 줬을 뿐만 아니라, 심지어 아내와 부하들의 구출 계획에 대해서도 자백했습니다. 자신이 살기 위해 수백 명의 동료들과 스승을 배반한 것입니다. 나를 잡는 데 혈안이 된 조정에서 온갖 감언이설(甘言利說)로 꼬셔도 서림만은 넘어갈 리 없다고 굳게 믿고 있었는데…….

김딴지 변호사 　믿는 도끼에 발등 찍힌 셈이군요.

임꺽정 　그렇습니다. 가장 믿고 있었던 부하 서림이 나를 배반할 줄이야 꿈에도 생각 못 했습니다. 나는 기쁠 때나 슬플 때나 언제나 부하들과 함께 했었지요. 부하들이 억울하게 관아로 잡혀 들어갈 때마다 정말인지 내가 대신해 주고 싶었을 정도로요. 서림이 잡혀 들어갔을 때도 마찬가지였습니다. 서림이 잡혀 들어간 날 나는 잠을 한숨도 못 잤을 정도로 걱정을 많이 했습니다. 그런데 그런 그가 배신을 하고, 나와 동료들이 숨어 있는 곳을 관아에 이야기할 줄이야. 서림의 배신으로 그때 수많은 나의 부하들이 죽었습니다. 그러던 중

드디어 임꺽정이
잡혔구나!
나는 의적 임꺽정이다!
나는 죄가 없다!!

1562년(명종 17) 정월 나는 마침내 생포되고 말았습니다. 변장을 했지만 서림이 내 얼굴을 알아봤기 때문이죠. 그러고 나서 15일 만에 처형되었죠.

김딴지 변호사 그렇습니다. 백성의 영웅이었던 원고는 한때 자신의 부하였던 서림의 배신으로 인해 이 세상을 떠났습니다. 이런 원고에 대해 한 사관은 이렇게 기록하기도 했습니다.

판사 네, 읊어 보세요.

김딴지 변호사 도적이 되는 것은 도적질이 좋아서가 아니다. 굶주림과 추위가 절박해도 아침, 저녁거리가 없어 부득이하게 도적질을 하게 된 것이다. 백성이 도적이 된 것은 왕정의 잘못이지 결코 그들의 죄가 아니다. 이상입니다.

판사 이번 재판은 그 어느 재판보다 치열한 것 같습니다. 원고가 어떤 입장으로 활동했는지 알아보는 것은 재판에 중요한 사실이라고 볼 수 있습니다. 이 부분은 판결에 반영하도록 하겠습니다. 이것으로 두 번째 재판을 마치겠습니다.

땅, 땅, 땅!

휴정 인터뷰

다알지 기자

안녕하세요. 1분 1초라도 빨리 시청자 여러분께 법정 소식을 전하기 위해 발로 뛰는, 법정 뉴스의 다알지 기자입니다. 지금 임꺽정과 문정 왕후의 두 번째 재판이 끝났습니다. 오늘 재판에서는 피고 측 증인에 대해 두 변호사가 한꺼번에 신문을 했습니다. 피고 측 증인은 한때 원고의 부하였지만 지금은 앙숙 관계인 서림인데요. 그래서 그런지 서림과 원고 간에 날카로운 신경전이 벌어지기도 했습니다. 그럼 오늘 재판에서 어떤 이야기들이 오갔는지 원고와 피고에게 이야기를 들어 보겠습니다.

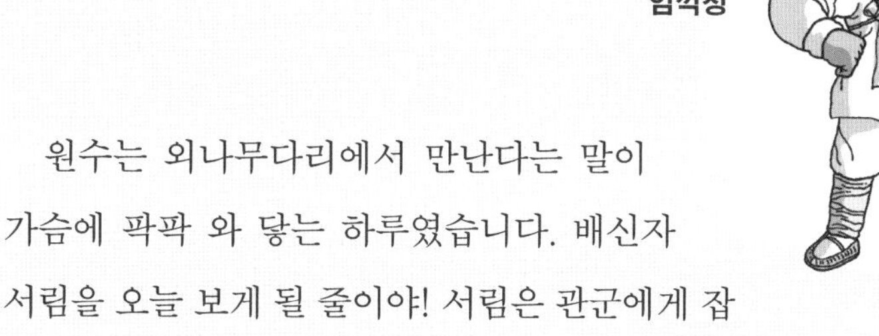
임꺽정

원수는 외나무다리에서 만난다는 말이 가슴에 팍팍 와 닿는 하루였습니다. 배신자 서림을 오늘 보게 될 줄이야! 서림은 관군에게 잡힌 뒤 자기 혼자 살기 위해서 나를 천하에 몹쓸 도적으로 만들어 버렸습니다. 게다가 윤원형까지 증인으로 나왔더군요. 당시 지배층은 나 하나 제대로 진압하지 못할 정도로 기강이 엉망이었습니다. 그렇기 때문에 그들 입장에서는 무조건 내가 골칫거리이고, 나쁜 놈이라고 생각했겠죠. 그래서 나에 대해 무조건 부정적으로 기록한 것입니다. 피고가 수렴청정을 하지 않았고, 또한 윤원형 같은 척신들이 비리를 저지르지 않았다면 나는 백정 노릇을 하면서 소박한 행복을 찾으며 살았을 텐데, 얼마나 살기 어려웠으면 도둑질을 했겠습니까? 피고는 내 자신의 부귀영화를 위해서 한 것이라고 말했지만, 그게 사실이라면 내가 훔친 돈과 쌀을 왜 백성에게 나눠 주었을까요? 그저 답답할 따름입니다.

문정 왕후

내가 조선 왕조를 지키기 위해서 수렴청정까지 했는데, 천민이 내게 소송을 걸다니! 세상 많이 변했네요. 원고는 나의 훈척들이 권력을 이용해서 백성의 땅을 빼앗고, 관직을 팔아서 재산을 늘리는 바람에 조선 백성이 살기 어려워졌다고 말했습니다. 그래서 원고가 직접 쌀과 돈을 훔쳐서 가난한 백성에게 주었다고 주장하는데요. 정말 어이가 없습니다. 물론 내 아들 명종이 왕이었던 시절이 살기 좋은 시절은 아니었어요. 그러나 양반들이 토지를 소유하고, 거기에서 농민들이 일을 하고, 또한 공납의 부담으로 인해서 방납이 발생한 것 등은 꼭 명종 시절에만 일어난 일은 아닙니다. 이미 연산군 시절 이후에 발생된 것이지요. 그러니까 내가 잘못해서 일어난 것이 아니라 조선의 구조적인 문제였다고요. 게다가 원고가 의적이라고요? 무슨 의적이 사람을 잔인하게 죽이기까지 한답니까? 원고는 이번 재판에서 반드시 패소하게 될 거라고요.

수렴청정과 관계된 왕실의 유물

문정 왕후 어보

문정 왕후는 조선 11대 임금인 중종의 왕비이자 13대 왕인 명종의 어머니로, 어린 명종과 함께 정치를 했어요. 사진 속 유물은 문정 왕후의 어보예요. 어보란 왕실의 권위를 상징하는 도장으로 특히 임금의 도장은 외교문서 등에 사용했던 국새와 의례용으로 사용했던 어보로 구분되지요. 왕과 왕비의 어보는 죽은 뒤 왕실의 사당인 종묘에 두었답니다. 문정 왕후의 어보는 거북 모양이 장식되어 있었으며 금으로 만들어져 금보라고도 불리지요. 오른쪽 사진은 어보의 아래쪽 면이랍니다.

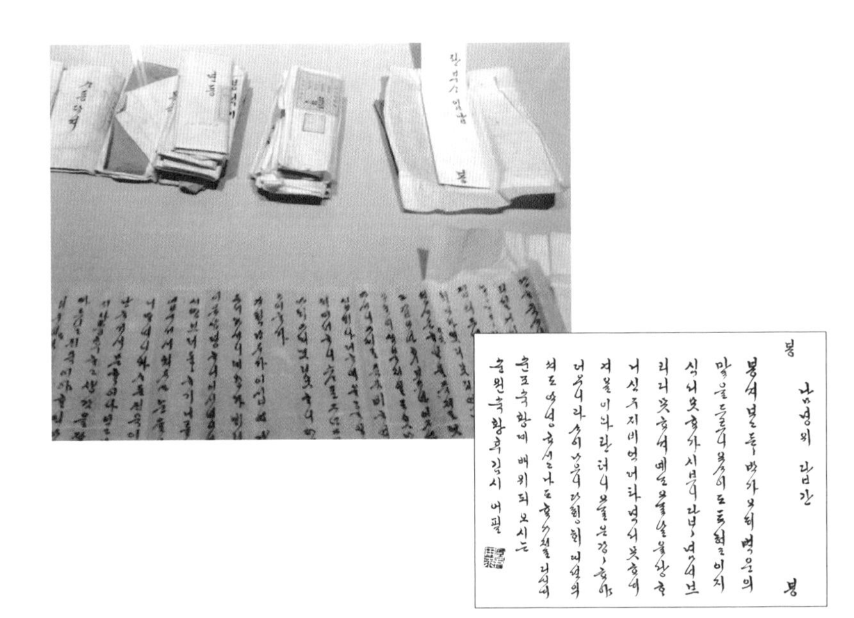

순원왕후의 봉서

순원왕후는 조선의 제23대 왕인 순조의 왕비이자 익종의 어머니, 헌종의 할머니이지요. 헌종이 어린나이로 왕에 오르자 섭정을 하였으며 15년 만에 헌종이 죽고 철종이 즉위한 후에도 계속 정치를 하였어요. 안동 김씨의 한 사람이었던 순원왕후는 오랜 기간 권력을 잡고 있었지요. 사진 속 유물은 순원왕후의 봉서에요. 봉서란 임금이 내리던 개인적인 편지나 왕비가 친정에 보내는 편지를 말해요. 순원왕후는 편지로 왕실의 문제를 의논하고는 했지요. 이 중에는 철종을 가르치는 데 있어서의 어려움을 적은 것도 있답니다.

흥선대원군의 흉배

흥선대원군의 이름은 이하응으로, 조선 제21대 왕인 영조의 5대손이고 제26대 왕인 고종의 아버지에요. 철종이 후사 없이 죽자 아들인 고종을 왕위에 앉히고 권력을 잡게 됩니다. 사진 속 유물은 흥선대원군의 흉배로, 조선시대 왕·왕세자·신하들 관복의 가슴과 등에 장식한 것을 흉배라고 하지요. 관직에 따라 무늬도 달라졌는데, 왕은 용을, 신하들은 학이나 사슴 등의 동물을 수놓았지요. 흥선대원군의 흉배에는 상상 속 동물인 기린이 수놓아져있는 것이 특징이에요.

오늘로서 나는
더 이상 정치에
관여하지
않겠소이다!
소자는 아직 부족한 왕입니다.
수렴청정을 계속 해 주세요. 흑흑~!

재판 셋째 날

문정 왕후는 수렴청정을 잘했을까?

1. 문정 왕후가 수렴청정을 해서 무엇이 변했을까?
2. 문정 왕후는 순순히 수렴청정에서 물러났을까?
3. 문정 왕후는 명종에게 도움을 주었을까?

교과연계

한국사
II. 고려와 조선의 성립과 발전
2. 유교 정치의 이상을 꽃피운 조선
(2) 사림, 새로운 정치 세력으로 등장하다

1

문정 왕후가 수렴청정을 해서 무엇이 변했을까?

판사 오늘은 원고 임꺽정과 피고 문정 왕후의 재판 마지막 날입니다. 원고는 조선에서 자신과 같은 도적들이 나타난 원인은 피고가 수렴청정으로 권력을 장악하자 척신들의 횡포로 백성들이 살기 힘들어졌기 때문이라고 주장했습니다. 반면 피고는 원고의 도적질과 반란으로 인해 조선에 큰 혼란이 발생했다고 반박했습니다. 오늘은 수렴청정이 조선에 어떤 영향을 주었는지 살펴볼 예정입니다. 원고 측부터 시작하세요.

김딴지 변호사 네. 지난 재판에서 살펴보았듯이 문정 왕후는 수렴청정을 하게 되면서 을사사화를 일으켰습니다. 이로 인해 소윤을 중심으로 한 척신들이 막강한 권력을 갖게 됐는데요. 이러한 배경에 대해서는 재판 첫째 날에 알아보았습니다. 그렇다면 당시 조선의 권력은 문정 왕후와 윤원형이 차지하였는데요, 당시의 윤원형의 행태를 증언해 주실 분에게 얘기를 들어 보았으면 합니다.

판사　좋습니다. 증인은 앞으로 나와서 선서하세요.

좌불안석
마음이 불안하여 자리에 편하게 앉지 못한다는 뜻으로 한 자리에 오랫동안 앉아 있지 못함을 의미합니다.

안절부절
마음이 초조하고 불안해서 어찌할 바를 모르는 상태를 말합니다.

큰 키에 훤칠한 용모를 띤 증인이 나와서 선서를 했다. 그러자 문정 왕후가 크게 당황해하며 좌불안석하였다. 문정 왕후가 매서운 눈초리로 증인을 노려보자 증인이 멈칫거리며 딴 곳을 바라보았다.

왕실의 승지로 근무했던 증인 강출납이 자신이 직접 눈으로 보고 귀로 들은 것을 증언하기 위해 나왔지만 피고의 눈치를 보느라 안절부절못했다. 증인의 입술이 파르르 떨렸다.

김딴지 변호사　증인께서 많이 긴장이 되나 봅니다. 마음 편하게 자기소개부터 해 주세요.

강출납　예. 나……, 나는 왕의 명령을 받들어 시행하도록 하는 일을 합니다. 바로 왕의 비서 기관인 승정원 승지입니다. 사극에서 보면 왕과 신하들이 국사를 논의할 때 제일 끝에서 고개를 숙이고 계속 뭔가 쓰는 사람이 있는데 그 사람이 바로 사관이고 그 자리에 함께 참여하여 명령을 기다리는 사람이 승지예요.

김딴지 변호사　그렇다면 피고 옆에서 일을 했겠네요?

강출납　그, 그렇습니다.

김딴지 변호사 증인은 누구보다도 조정 안에서 일어나는 일들에 대해 잘 알고 있을 것으로 추측됩니다. 당시 피고의 친동생인 윤원형의 악독한 행위에 대해 비판하는 사람은 없었나요?

강출납 없었어요. 그때 조선은 윤원형의 세상이었으니까요. 그만큼 윤원형이라는 사람의 권력은 대단했습니다. 승지로서 내가 아는 바를 말씀드리자면, 윤원형은 무조건 자기 마음에 드는 사람만 뽑았습니다. 그리고 자기 마음대로 그 사람을 휘두르곤 했었습니다. 이런 식으로 관리를 뽑았으니…… 조선에 많은 문제가 안 생길 수 없었죠.

김딴지 변호사 그렇군요. 그렇다면 사람들로부터 돈이나 물건을 받고 벼슬을 팔기도 했겠네요?

이대로 변호사 이의 있습니다. 지금 원고 측 변호인은 윤원형에 대해 부정적인 답변을 듣기 위해서 교묘하게 유도 신문을 하고 있습니다.

판사 동감합니다. 원고 측 변호인은 주의하십시오.

김딴지 변호사 죄송합니다…….

강출납 음, 실제로 그 당시에 윤원형한테 잘 보이기만 하면 하루만에도 벼슬 자리를 얻을 수 있었습니다. 이게 말이나 됩니까? 그런 중요한 자리들이…… 더 답답한 일은 그런 일이 잘못됐다는 것을 알면서도 아무도 말할 수가 없었다는 것입니다.

김딴지 변호사 피고와 윤원형의 보복이 두려워서 그 누구도 말할 수 없었던 것이군요. 다른 질문을 드리겠습니다. 피고는 유교 국가인 조선에서 불교를 숭상했었다고 하던데 사실인가요?

강출납 네. 피고는 사찰에서 행하는 모든 일을 직접 행할 정도였습니다. 문제는 여기에 엄청난 액수의 돈이 들어갔다는 것입니다. 그 돈은 수령으로 나가 있는 관리들이 개인적으로 진상(進上)해서 충당을 하였습니다.

진상
구하기 힘든 귀한 물품이나 지방의 특산물 따위를 임금이나 고관에게 바치는 것을 말합니다.

김딴지 변호사 증인의 말에 따르면 피고의 불교 숭상 정책으로 인해서 결국은 백성의 삶이 더 가난해졌다는 사실을 알 수 있습니다. 한 나라의 국모가 백성을 돌보기는커녕 더 고통스런 상황으로 몰아낸 것입니다. 그렇다면 당시 최고의 지배층이었던 훈척들은 구체적으로 어떤 비리를 저질렀나요?

강출납 우선 힘없고 가난한 백성의 땅을 빼앗아 자신들의 배를 불리기 시작하였습니다. 때마침 당시 조선은 사회적, 경제적으로 큰 변화의 시기를 겪고 있었습니다. 그 변화가 무엇이냐 하면, 바로 토지 제도의 변화입니다.

김딴지 변호사 조선의 토지 제도가 과전법에서 지주제로 바뀐 것을 말하는 건가요?

강출납 그렇습니다. 원래 조선의 토지 제도는 과전법이었어요. 과전법은 국가에서 개인에게 토지를 나눠 주는 것인데요. 그런데 16세기에는 과전법이 없어지고 그 대신에 지주제가 발달하게 됩니다. 그래서 양반 관료뿐만 아니라 농민들까지 토지를 갖고 있던 사람들은 모두 지주가 되었습니다. 그런데 지주제가 발달하면서 더 많은 토지를 소유하려는 현상이 뚜렷하게 나타났습니다. 그렇다면 양반과 농

집과 땅 모두 다 내 것!
와~ 대단하십니다!

이게 다 오늘 들어온 물건인가? 으하하!
네, □□고을 수령 김 아무개는 쌀 100석을 갖고 왔고, △△고을 수령 이 아무개는 비단과 백두산 호랑이 가죽을 갖고 왔습니다.

민 중에서 누가 더 많은 토지를 가질 수 있었을까요? 바로 양반 중에서도 훈척들이었습니다.

국역
국가에서 백성들에게 내렸던 부역을 말합니다.

김딴지 변호사 훈척들은 어떤 방법으로 넓은 토지를 가졌나요?

강출납 네, 훈척들은 을사사화를 기해 위사 공신에 책봉되어 공신전을 많이 받았습니다. 하지만 이들을 공신으로 만든 을사사화 자체가 문제가 있는 사건이었고, 공신 책봉 자체가 그들의 이익을 보장하기 위한 것이니까 순수하지 못한 공신전인 것입니다. 하지만 더 심한 것은 바로 권력을 배경으로 한 탈점, 즉 남의 땅을 빼앗는 것입니다. 이런 식으로 그들은 토지를 넓혀 나갔어요. 우선 소유하게 된 토지 양이 많아지니까, 그 땅을 일굴 사람들이 필요했죠. 그런데 조선 16세기 이후 각종 국역으로 농민들의 부담이 증가하게 되는데요. 그러자 농민들은 세금낼 돈이 없어서 노비가 되었지요. 윤원형은 이들과 일반 양인들을 자신들의 농장 관리인으로 이용하였습니다.

김딴지 변호사 그런데 사실 양인들은 세금을 내지 않기 위해 피한 것이지 윤원형이 그들을 강제로 데리고 간 것은 아니잖아요.

강출납 한 나라를 다스리기 위해서는 돈이 필요합니다. 그 돈의 수입원은 일반 양인들로부터 나오는데요. 양인들이 토지에서 전세를 내고, 군역을 지고, 국가가 필요로 하는 물품을 공납이라는 이름으로 부담하지요. 그리고 국가는 그들이 내는 세금으로 나라를 운영합니다. 그런데 윤원형을 비롯한 훈척들이 저지른 비리로 인해 양인들이 그들 소유로 들어가 버리면 국가의 재정이 그만큼 악화될 수밖

역관
통역관을 뜻합니다. 그들은 주로 중국으로 가는 사신을 따라가서 통역을 해 주고, 무역을 할 수 있는 권한을 갖고 있었지요.

언관
언론을 담당한 관원. 사헌부, 사간원, 홍문관의 관료들을 말합니다.

에 없었지요. 토지를 불법적으로 사유화해서 국가가 미처 세금을 징수하지 못하게 했죠. 이는 국역을 담당해야 하는 백성들을 사적으로 이용하여 국가에서 사용해야 할 노동력과 세금을 중간에서 훈척들이 가로챈 것이지요. 즉 훈척들이 자신들의 배를 채우려고 나라에 해를 끼친 겁니다.

김딴지 변호사　결국 훈척들이 조선에 큰 피해만 주었군요.

강출납　맞습니다. 특히 윤원형은 사무역까지 하면서 자신의 이익을 추구하였습니다.

김딴지 변호사　구체적으로 어떻게 상업 활동을 했었나요?

강출납　역관을 이용한 사무역을 통해 이익을 냈고, 시장을 개설하여 상업 활동을 했어요. 그런데 이로 인해서 국내에서는 물가가 폭등하게 됩니다. 다들 아시다시피 조선은 처음부터 정책적으로 상업을 억제해 왔었습니다. 그런데 최고의 권력을 가진 세력들이 스스로 국가의 정책을 무시하면서 자신들의 경제적 이익을 추구했다는 것은 비판받아 마땅합니다. 이것은 정치적 권력을 바탕으로 실행한 것이면서 동시에 권력의 기반을 다지기 위한 것이었지요.

김딴지 변호사　이를 제지하는 사람은 없었나요?

강출납　당시 언관들도 탄핵하지 못했어요. 누가 감히 윤원형을 비판할 수 있을까요? 아무튼 피고가 죽은 다음에서야 윤원형을 탄핵하는 것이 가능했지, 그전까지는 어림도 없는 일이었지요! 오죽했으면 백정이었던 원고가 들고일어났겠습니까? 아무튼 당시 윤원형의 힘은 대단했죠. 윤원형의 첩인 정난정마저 날뛰었죠. 정난정의 아버지는 부총관 정윤겸이지만 어머니가 관비(官婢)였어요. 그녀는 천민이라는 낮은 신분에서 벗어나기 위해 조선 최고의 권세가인 윤원형의 첩이 된 것이죠.

관비
조선 시대 때 행정 기관에 소속된 여자 종을 의미합니다.

적자
본 부인이 낳은 아들을 뜻합니다.

서얼허통법
서얼들이 관직에 오르지 못하게 하는 서얼 금고를 해제한 것을 말합니다.

이대로 변호사 잠시만요! 이의 있습니다. 신분 상승에 대한 욕구 그 자체를 비난하는 것은 이해가 안 됩니다.

강출납 답변 드리죠! 정난정은 피고와 윤원형의 권력을 바탕으로 많은 문제를 일으켰던 인물입니다. 그럼 신분 상승하겠다고 모든 천민들이 다 정난정처럼 행동해도 되는 겁니까?!

판사 충분한 답변이 된 것 같습니다. 원고 측 변호인 계속하세요.

김딴지 변호사 네. 그렇다면 윤원형의 첩인 정난정은 어떤 문제를 일으켰죠?

강출납 정난정은 어느 정도 권력을 얻자 윤원형의 부인 김씨를 독살까지 합니다. 하지만 정난정은 살인죄에 대한 벌을 받기는커녕 정실 부인이 되었지요. 이 모든 것이 피고의 권력이 뒷받침해 줬기 때문에 가능했던 일이지요. 피고는 윤원형이 공을 가장 많이 세웠음에도 불구하고 겸손하게 2등 공신을 자처했다며 자랑스러워하며 큰 선물을 주기도 했었습니다. 정난정의 자녀들이 다른 집 적자와 결혼도 하고, 벼슬길에 오를 수 있도록 해 준 것이지요. 그 후 윤원형은 '서얼허통법'을 통과시키기도 했습니다.

이대로 변호사 이의 있습니다. 정난정에 대한 진술은 본 사건과 관련이 없습니다.

김딴지 변호사 존경하는 판사님, 제 생각은 다릅니다. 정난정이 일으킨 문제 역시 문정 왕후와 윤원형의 권력을 바탕으로 이루어진 것이기 때문에 깊은 관련이 있습니다!

판사 원고 측 변호인의 발언을 인정합니다. 증인은 계속하세요.

강출납 네. 윤원형의 힘이 커질수록 정난정의 부도덕한 행위는 더 심해졌습니다. 가난한 상인들을 협박해서 돈을 뜯어내고 벼슬 자

리를 주는 대가로 여러 사람들로부터 뇌물을 받기도 했어요. 그렇게 재산을 모은 윤원형과 정난정은 사치를 부리며 살았죠. 한양에 집이 15채나 됐었다고요! 어디 그뿐인가요? 두 사람은 남의 집 노비와 땅을 빼앗기도 했습니다. 아무도 그 두 사람을 비판할 수 없었죠. 그래서 당시에 권력을 얻고 싶은 사람들은 비밀리에 정난정에게 뇌물을 바치고 어떤 방식으로든 연관을 맺으려고 했죠.

민초
한 나라의 백성을 질긴 생명력을 가진 잡 에 비유한 말입니다.

김딴지 변호사　그렇군요. 그 두 사람으로 인해서 조선의 백성들의 고단한 삶이 느껴집니다. 이 모든 것은 문정 왕후가 수렴청정으로 권력을 잡으면서 발생된 것으로 판단됩니다. 외척들은 당시 정국에 도움이 되기는커녕 오히려 조선을 더 가난하게 만들고 백성들을 괴롭히는 존재들이었습니다.

강출납　맞습니다. 사관인 제가 봐도 백성들이 너무나 불쌍했었습니다. 그 당시 원고가 지배층의 곡식과 재물을 훔쳐서 백성들에게 나눠줄 수밖에 없는 상황이었습니다. 원고는 백성에게 있어 희망이자 영웅이었던 것입니다. 만약 원고가 없었더라면 당시 조선 백성들은 아무런 희망도 없었을 것입니다.

김딴지 변호사　오늘 날로 치면 공무원이라고도 할 수 있는 증인의 진술을 잘 들으셨습니까? 증인의 말대로 원고는 가난하고 힘없는 민초들에게 실오라기 같은 희망이었던 것입니다. 이상입니다.

증인과 김딴지 변호사는 민초들의 염원을 담은 듯한 눈빛으로 판사를 바라보았다.

판사 잘 들었습니다. 혹시 피고 측 변호인께서 증인의 발언에 더 보탤 말이 없으면 다음 문제로 넘어갔으면 합니다. 양측 변호인들, 동의하십니까?

이에 양측 변호인은 고개를 끄덕였고, 김딴지 변호사가 말문을 열었다.

김딴지 변호사 존경하는 판사님, 저는 피고가 조선 사회에 어떤 물의를 일으켰는지 한번 짚어 보고 싶습니다. 조선이 역성 혁명을 통해 건국된 이유 중 하나가 고려 말 부패한 불교의 영향이 컸기 때문입니다. 그래서 조선에서는 유교를 숭상하고 불교를 경계하는 정책을 펼쳤지요. 그런데 유교 국가인 조선에서 국모였던 피고는 불교 신자였습니다. 이로 인해 조정 안에서는 신하들이, 조정 밖에서는 백성들이 매우 혼란스러워 하였습니다. 그러므로 반드시 이 부분에 대해서는 살펴봐야 합니다.

판사 좋습니다.

이대로 변호사 이의 있습니다. 당시 문정 왕후 외에도 다른 불교 신자들은 얼마든지 많았습니다. 조선은 억불정책을 펼치고 있었지만 당시 궁궐 안에는 왕실의 안정을 기원하는 사원인 원당이 있었습니다. 특히 내원당은 왕비를 비롯한 왕실 여성들의 복을 비는 의식을 위해 설립된 원당으로 조선 초기부터 궁궐 내에 있었지요. 그래서 왕실 여성들은 불사를 할 수 있었고, 이로 인해 조선 초기의 왕실 여성들도 불교 신자라는 사실을 알 수 있습니다.

김딴지 변호사　그렇군요. 그건 그렇고 그런데 피고는 개인의 신앙 차원을 넘어서서 불교 제도를 개혁한 것에 대해서는 어떻게 설명하실 겁니까? 또한 승려 보우가 피고에게 접근하여 불교를 진흥시키고자 하였습니다.

이대로 변호사　승려 보우는 선종과 교종의 일치를 주장했고, 더 나아가 유교와 불교가 조화되어야 한다고 생각하였습니다. 승려라고 무조건 유교에 배타적인 태도를 가졌던 것은 아닙니다. 유교와 불교는 그 근본을 따지면 같다고 할 수 있어요. 이런 사상이야말로 유교 국가였던 조선에서 개인들이 아직 불교 신앙을 가지고 있는 문제점을 해결할 수 있는 사상인 것입니다. 그래서 피고는 수렴청정을 하고 있으니까 제도적으로 불교를 개혁한 것입니다. 그렇게 되면 유교와 불교가 조화를 이룬 나라를 만들 수 있다고 생각했던 것입니다. 피고의 깊은 뜻을 헤아려 주세요.

판사　잠시만요. 그 개혁 내용이 무엇인지 알아볼 필요가 있을 것 같습니다. 원고 측 변호인에게 피고를 신문할 기회를 주겠습니다.

김딴지 변호사　감사합니다. 피고에게 묻겠습니다. 피고는 봉은사에 양종제를 부활시켰나요?

문정 왕후　네, 일단 봉은사에 양종제를 부활시키고, 승과 제도를 설치하였습니다. 그래서 시험에 합격한 사람은 중 또는 주지가 되어

시주
어떠한 조건도 없이 오직 자비심 하나만으로 절이나 승려에게 물건 등을 베푸는 것을 뜻합니다.

절을 운영할 수 있도록 하였어요. 또한 승려 자격증인 도첩을 발급하는 도승법을 부활시켰어요. 승과에 합격한 승려들은 도첩을 가진 승려들을 관리하는 방식으로 불교계를 혁신한 것입니다. 또한 승려들이 수행에 정진하도록 하기 위해서 부역에 동원되지 않도록 했고, 유생들의 사찰 출입을 금지했어요. 그리고 절이 가지고 있는 사원에는 세금을 면제해 주었습니다.

김딴지 변호사　피고의 ▶이러한 불교 개혁은 반발이 심했습니다. 오히려 사회 혼란을 가중시켰습니다. 피고! 불교 개혁은 왜 반발이 심했나요?

문정 왕후　언제나 골칫거리는 사림들이지요. 이들은 성리학을 공부한 사람들이어서 불교를 비과학적이라는 이유로 배척했어요.

김딴지 변호사　음, 제 생각은 다릅니다. 사림들이 불교 개혁 정책이라는 이유 하나만으로 반발하였을까요? 오히려 피고와 피고의 권한을 등에 업은 윤원형 등 훈척 세력에 대한 반발이라고 생각이 듭니다. 사상이라는 것은 국가 구성원들이 단결하여 보다 나은 나라를 만들어 가는 데 도움이 되어야 하고, 이를 위해서 사상을 수용해 왔습니다. 그러나 피고는 유교 국가에서 불교를 숭상하여 오히려 사회적 분열을 일으켰다고 판단됩니다. 그리고 불사를 하려면 시주도 해야 하는데, 그 비용은 어디서 나왔습니까?

교과서에는

▶ 조선 시대는 성리학적 이념을 중시했기 때문에 불교계가 위축되었어요. 하지만 명종 때 문정 왕후가 보우를 중용하고 승과를 부활하는 등 일시적인 불교 회복 정책을 펼쳤지요.

문정 왕후　조정에는 왕실의 재정을 담당하는 기관인 내

조선은 유교 국가!
도승법 부활 반대!
도첩제 부활 대찬성!
와아~
와!

수사가 있었습니다. 공주나 왕자들을 시집장가 보낼 때 빈손으로 보낼 수도 없고, 이렇게 내가 신앙생활을 할 때도 비용이 듭니다. 이런 것들을 충당하기 위해 내수사가 있는 것입니다.

김딴지 변호사 내수사의 일은 누가 했나요?

문정 왕후 내수사의 일은 왕의 수족 같은 존재인 환관들이 했어요. 내수사에서는 왕실에서 필요한 경비를 조달하는 데 주로 진상과 왕실 소유의 토지에서 나오는 세금 등을 통해서 채워 나갔습니다. 이러한 내수사는 아주 중요합니다. 왕실의 창고인 내수사 재정이 비어 있다는 것은 곧 왕권이 약해진 것을 의미하기 때문이죠. 안 그래도 내 아들이 열두 살에 왕이 되어서 신하들이 무시했는데, 주머니라도 넉넉해야 할 것 아닙니까.

김딴지 변호사 하지만 피고는 그 과정에서 문제가 발생하는 것을 모르는 척했습니다. 또한 어제 재판에서도 내수사는 백성들의 토지를 빼앗아서 국가 재정을 마련했었습니다. 게다가 지방의 수령을 통제하고, 가난하고 힘없는 백성들을 괴롭혔습니다. 이러한 상황이 발생한 것은 피고가 수렴청정을 하면서 불교 개혁을 주장했기 때문이죠. 그 결과 피고의 수렴청정으로 인해 정치 권력은 왕의 외가 쪽 친척들에게 돌아갔고, 여기에서 각종 비리가 생겼습니다. 또한 불교를 진흥해서 국가의 질서를 어지럽혔고, 내수사를 쓸데없이 확대한 결과 백성들의 고통이 컸었던 것은 분명한 사실입니다. 이상입니다.

첩의 자녀는 벼슬을 하면 안 되나요?

조선은 신분제 사회로 양인과 천인으로 크게 신분이 구분됩니다. 양인은 양반, 중인, 평민이 있고, 천인은 노비가 대표적이지요. 그중에 서얼이라는 신분이 있습니다. 정실 부인이 아니라 첩에게서 태어나는 아이를 서얼이라고 합니다. 조선은 일부일처제였기 때문에 그 외의 부인은 첩이 되는 것이지요. 첩은 신분에 따라 양인 첩, 천인 첩 이렇게 두 가지로 구분할 수 있는데요. 양인 첩이 낳은 아이는 서자가 되고, 천인 첩이 낳은 아이는 얼자가 되어 이들을 합쳐서 서얼이라고 부릅니다.

서얼은 반쪽 양반입니다. 아버지가 양반이라도 어머니가 첩이기 때문에 양반이 아닌 것이지요. 이들은 벼슬을 할 수 없었습니다. 문과 과거시험을 볼 수 없고, 드물게 기술직 중인으로 일할 수는 있었습니다. 서얼들은 혼인을 할 때 다른 집의 첩으로 들어가던가, 역시 서얼을 부인으로 맞이했지요.

정난정의 자녀들은 얼자입니다. 정난정의 어머니가 노비였기 때문에 그 신분이 천했고, 그런 정난정이 아무리 윤원형과 결혼했어도 그가 낳은 아이들은 서얼을 벗어날 수 없었습니다. 그러나 문정 왕후는 정난정의 자녀들이 어른이 돼서 양반과 혼인할 수 있게 해 주었고, 벼슬길까지 나아가게 해 주었습니다. 이것은 조선의 법도를 어긴 일이었지요.

2 문정 왕후는 순순히 수렴청정에서 물러났을까?

판사 피고 측 변호인, 반박하시겠습니까?

이대로 변호사 네. 피고의 수렴청정의 정당성에 대해 다시 한 번 피고를 통해 듣겠습니다. 피고가 수렴청정을 한 기간은 어떻게 되나요?

문정 왕후 나는 9년 동안 수렴청정을 하였습니다. 나는 1553년(명종 8)에 수렴청정에서 물러났지요. 내가 정치에 참여하지 않겠다고 하니 명종께서 명을 거두어 달라고 어찌나 우셨는지……. 당시 스무 살이었던 명종께서는 울면서 계속 수렴청정을 해 달라고 애원했지만 난 거절했어요. 왜냐하면 명종은 이제 큰일을 맡으실 수 있는 분이셨기 때문입니다.

이대로 변호사 피고는 처음부터 철렴환정을 하려고 했나요?

문정 왕후 당연하죠! 애당초 내가 정치적 야망이 있어서 수렴청정을 한 게 아니었으니까요. 어린 내 아들을 성인이 될 때까지 보호하고, 국정을 운영할 수 있는 능력을 키워 주기 위해 수렴청정을 한 것이니까요. 그런데 이제 명종이 스무 살이 되었으니 물러나야죠.

철렴환정
수렴청정에서 물러나 성인이 된 왕에게 국정을 다 넘겨주는 것을 말합니다.

이대로 변호사 그렇습니다. 존경하는 판사님, 그리고 배심원 여러분, 생각을 한번 해 보십시오. 만약 피고의 정치적 욕심이 컸다면 계속해서 수렴청정을 했을 것입니다. 그런데 피고는 철렴환정을 하였습니다. 그것은 무엇을 의미하는 것일까요? 바로 정치적 욕심 없이 순수한 마음으로 조선과 아들 명종을 위해 희생한 것이나 다름없습니다.

문정 왕후 맞아요. 난 어디까지나 내 아들과 조선을 위해서 정치에 참여한 것입니다. 오히려 소송을 제기해야 할 사람은 나라고요. 나야말로 정말 억울합니다.

이대로 변호사 피고께서는 철렴환정 후에는 정치에 참여하지 않았었나요?

문정 왕후 네. 신하들의 동의를 얻어서 하는 수렴청정은 여성인 대왕대비가 정치를 하는 정말 예외적인 경우라고 할 수 있어요. 그런데 수렴청정이 끝난 후 철렴을 신하들에게 발표한 이상 다시 정치에 참여하는 것은 있을 수 없는 일입니다. 왜냐하면 철렴을 하면 대왕대비에게 주어졌던 공적인 기능과 권한들이 모두 왕에게 귀속되는 것이기 때문이죠. 따라서 어떠한 권한도 없는 내가 정치적인 결

오늘로서 나는
더 이상 정치에
관여하지
않겠소이다!
소자는 아직 부족한 왕입니다.
수렴청정을 계속 해 주세요. 흑흑~!
문정 왕후가
물러난다고?
진짜일까?
저 여자 말을
어떻게 믿어?

정을 하는 것은 그야말로 간섭이라고 할 수 있어요. 다만 왕실 여성과 관련된 일에만 참여했습니다. 이는 왕실 내명부의 대표로서 주어진 역할이고, 왕실 내명부의 일이니까 대왕대비가 결정할 수 있는 것입니다. 다시 말해서 왕실 내명부 일을 제외하고는 그 어떤 정치적인 참여도 안 한다는 말이죠.

이대로 변호사　　그렇습니다. 피고는 여성임에도 어린 왕을 도와 뛰어난 정치 능력을 펼쳤습니다. 이는 남성 정치가 못지않은 뛰어난 학식과 카리스마 넘치는 실력을 갖춘 피고로 인해서 조선 왕조 역사에 큰 획을 그었다고 할 수 있습니다. 게다가 성리학적 유교 정치를 기본으로 했던 조선에서 피고는 남들보다 한 발짝 앞선 생각을 하고 있었기 때문에 불교 개혁 등 선구자적 정치를 펼쳤다고 할 수 있습니다. 그러나 피고는 명종이 스무 살이 되었기 때문에 수렴청정에서 물러났죠. 피고는 어떤 욕심도 없이 모든 정치적 권력을 명종에게 주었던 것이죠. 이상입니다.

판사　　원고 측 변호사, 반박하시겠습니까?

김딴지 변호사　　네. 피고에게 묻겠습니다. 피고는 자리에서 물러난 후에도 왜 정치적인 역할을 했나요?

문정 왕후　　무슨 말씀이세요? 방금 말씀드렸다시피 난 모든 권한을 왕에게 넘겨주었어요.

김딴지 변호사　　거짓말입니다. 피고는 수렴청정에서 물러난 후에도 공공연히 "나와 원형이가 아니었다면 주상에게 오늘이 있었을 것 같소?"라고 말했다는 것이 『조선왕조실록』에 버젓이 나와 있는데도 계속 거짓말을 할 것입니까? 이러한 발언은 피고의 정치적 입지를 왕인 명종에게 확인시키기 위한 것이었죠. 그래서 불교 정책과 내수사의 재정 문제는 철렴 후에도 직접 명령을 내리면서 관여했잖아요. 실제로 피고가 철렴환정을 한다고 선포했지만 여전히 정치에 관여하고 있었기에 그 힘에 기대서 윤원형이나 척신들이 부정부패를 계속 저지를 수 있었던 것입니다. 원고가 도적 활동을 하고 반란을 일으킨 것도 피고가 정치에서 물러난 이후였습니다. 하지만 피고가 정치에서 물러난다고 말만 했지, 실제로는 물러난 게 아니었습니다. 오히려 피고가 수렴청정을 할 때 만들어진 많은 비리들로 인해서 백성들의 고통이 극심해졌기 때문입니다.

문정 왕후 아니, 내가 정치에서 물러나겠다고 한 것이지 죽기라도 했습니까? 내수사도 왕실 창고인데, 왕실의 가장 어른인 대왕대비가 관여하는 것은 정당한 것입니다. 무엇보다 당시 언관들이 가만히 있잖아요? 이것은 그 정도의 정치 관여는 괜찮다고 인정했기 때문 아니겠습니까?

김딴지 변호사 피고가 지금 협의를 부정하고 있지만 철렴을 결정한 이유는 수렴청정을 하는 동안 반대 세력을 제거했고, 왕보다 자신의 권력이 크다고 생각했기 때문이겠죠. 명분상으로는 철렴환정을 하였다고 했지만 원고는 이후에도 계속 정국을 주도할 수 있으리라 판단했으니까 순순히 물러나는 척만 것입니다. 실제로 피고는 1565년(명종 20) 3월, 병에 걸려서 사망할 때까지 정치적 영향력을 계속 행사하였습니다. 그러므로 피고가 수렴청정에서 물러난 후에도 정치에 간섭한 것은 사실입니다. 앞서 수렴청정을 하면서 원래 조선의 체제에 변화를 가져왔고, 각종 부정부패와 비리가 문정 왕후의 권력을 바탕으로 발생했음을 알 수 있었습니다. 또한 이러한 지배층의 횡포는 원고가 물러난 후에도 계속되었지요. 이는 수렴청정에서 물러난 후에도 지속되었다고 판단됩니다. 이상입니다.

3 문정 왕후는 명종에게 도움을 주었을까?

김딴지 변호사 피고는 자신의 수렴청정으로 인해 명종이 성장하여 성군이 될 수 있었다고 주장하고 있습니다. 또한 수렴청정 기간에도 왕이 직접 하교를 내리면서 군주로서의 역할을 할 수 있게끔 도왔다고 했는데요. 피고의 주장이 과연 사실인지 당시의 사관이었던 전직필 증인을 신청합니다.

판사 허락합니다.

김딴지 변호사 증인은 명종과 피고를 항상 가까이에서 봤나요?

전직필 그렇습니다. 조선의 왕들은 신하와 단독으로 만나는 게 불가능했어요. 왕의 말 한마디와 작은 행동이 국가의 운영에 큰 영향을 미치기 때문에 공평하게 일을 처리하기 위해서죠. 그래서 왕의 명령을 출납하는 승지와 왕의 말과 행동을 기록하는 사관이 항상 함께 있었습니다. 그러니까 나는 명종을 가까이에서 보았고, 누구보다 객관적으로 증언할 수 있습니다.

김딴지 변호사 문정 왕후가 수렴청정을 할 때 명종이 군주로서 역할을 한 게 사실입니까?

전직필 …….

김딴지 변호사 증인 대답하세요.

전직필 저……, 변호사님. 대답하기 전에 하나만 여쭤 볼게요. 내가 솔직한 발언을 한다고 해서 신상에 위협이 있는 것은 아니겠지요? 나의 안전을 보장해 주셔야 진술하겠습니다.

김딴지 변호사 증인 걱정하지 마세요. 증인의 안전은 역사공화국 한국사법정이 지켜 줄 것입니다.

전직필 알겠습니다. 그럼 증언하겠습니다. 피고 문정 왕후는 매우 무서운 어머니였습니다. 자신이 원하는 일을 명종에게 말했다가 명종이 허락하지 않으면 불같이 화를 냈거든요. 그, 그리고 심지어 명종을 때리기까지 했습니다. 비록 어머니와 아들의 관계이지만 공적으로는 왕과 신하의 관계인데, 정말 너무했죠. 아무리 어머니라고 해도 왕을 때린다는 것은 말도 안 되는 일입니다. 명종은 웬만하면 문정 왕후의 뜻을 따르려고 했지만 도저히 따를 수 없는 것은 거절하고 문정 왕후를 설득하려고 애썼습니다. 그때마다 문정 왕후는 "누구 덕에 왕이 되었는데 은혜를 모르냐!"라고 소리를 지르며 명종의 뺨을 때렸습니다. 휴! 나는 그 모든 것을 다 봤습니다. 명종은 정말 불쌍한 왕이었습니다.

주상!
왜 내 말을
듣지 않습니까?
감히 나라의 왕을
때리다니! 쯧쯧쯧!
흑흑흑!
어머니, 잘못했습니다.

김딴지 변호사　세상에 아무리 아들이지만 한 나라의 국왕을 때리다니……. 정말 심했군요.

전직필　그렇습니다. 명종은 조선 역사상 가장 불쌍하고 불행한 왕이었습니다.

김딴지 변호사　그렇군요. 피고는 수렴청정을 하면서 왕과 함께 정치에 참여했다는 것을 매우 강조했습니다. 또한 왕이 직접 하교를 내리면서 정국 운영의 주체가 되었다고 하는데, 사실입니까?

전직필　수렴청정 제도 본래대로 시행이 되었다면 그렇겠지요. 그러나 피고는 명종을 대신해서 거의 모든 국사를 총괄 주도하였습니다. 을사사화만 하더라도 피고가 반복해서 윤임의 죄를 성토하고 형벌을 내리는 동안 주상께서는 처음부터 끝까지 한마디 말도 하지 않으셨습니다. 그런데 몇 년이 지나도 달라진 것은 없었습니다. 주상께서 공부는 열심히 하셨지만, 피고의 권위 때문인지 주도적으로 정국 운영을 하지 못했습니다.

김딴지 변호사　모든 일은 피고가 결정했군요?

전직필　그렇습니다. 죄송스런 말이지만, 주상께서는 마치 허수아비처럼 그 앞에 가만히 앉아만 있었습니다. 그래서 대사간 진복창은 그런 주상이 답답해서 나랏일을 피고에게 여쭈어 결정하고 싶더라도 대강 무슨 일인지는 살펴보라고 충언을 하기도 했습니다.

김딴지 변호사　명종께서 왜 그렇게 행동했을까요?

전직필　당연히 문정 왕후가 너무 무서웠기 때문이죠. 그리고 명종은 형 인종을 닮아서 천성이 어질고 효성이 깊은 왕이었습니다.

인종
조선의 제12대 왕으로 중종의 맏아들이고, 어머니는 장경 왕후입니다. 기묘사화 때의 죽임을 당한 조광조 등의 원통함을 풀어 주는 등 어진 정치를 펼치려고 했으나 몸이 매우 약해서 30세의 젊은 나이로 요절하였지요. 이로 인해 1544년부터 1545년까지 매우 짧은 기간 동안 왕위에 있었지요.

또한 명종은 이복형 인종과의 관계도 매우 좋았는데요. 명종은 인종을 친형제 이상으로 따르는 등 우애가 매우 돈독했어요. 어머니의 야단도 다 이유가 있겠거니, 어머니가 원하는 바를 들어주지 않으면 불효를 한다고 생각했던 것이지요. 피고의 요구가 지나치다 하더라도 들어줄 수밖에 없다고 생각하셨습니다.

김딴지 변호사 증인의 답변으로 수렴청정을 통한 문정 왕후의 국정 운영이 명종이 왕으로서 나라를 다스릴 수 있는 기회를 제한했다는 것을 알 수 있습니다. 다시 말해서 피고의 수렴청정은 명종의 능력을 함양하는 데 전혀 도움이 되지 않았다는 것이 증명되었습니다.

판사 궁금한 게 있습니다. 피고가 공식적으로 정치에서 물러난 후 명종은 왕으로서 역할을 제대로 했나요?

김딴지 변호사 제가 설명드리겠습니다. 명종은 어머니를 견제할 수는 없지만 대신 윤원형을 견제하려고 하였습니다. 그래서 학자들을 존중하고 자신의 세력을 등용하였습니다. 바로 중전 인순 왕후의 외삼촌 이량이었지요. 이량은 언관을 중심으로 윤원형에 대항할 만한 세력을 키우게 되지만 그 역시 정치적 욕심이 컸어요. 그래서 인순 왕후의 동생인 심의겸에 의해 제거되었지요. 명종은 윤원형을 두려워하였지만 나름 자기 세력을 육성하여 윤원형의 전횡을 막아 보려고 노력했습니다. 그러나 이 역시 처갓집 식구들, 바로 척신들과 협력하는 것이었기 때문에 한계가 있었던 것이지요.

판사 그렇다면 피고의 수렴청정으로 빚어진 명종 시절의 각종 비리와 백성들의 괴로움은 해결이 되었나요?

신원
마음에 맺힌 원한을 푸는 것을 말합니다.

김딴지 변호사 모든 게 해결되지는 않았지만 1565년(명종 20)에 피고가 사망하며 그동안 시행되었던 많은 일이 제자리를 찾게 되었습니다. 피고의 친동생인 윤원형과 그 부인 정난정은 스스로 죽음을 선택하였습니다. 또한 피고가 심혈을 기울였던 불교 개혁도 모두 폐지되었고, 승려 보우도 죽었습니다. 그리고 을사사화에서 피해를 입은 사람들을 신원(伸冤)해 주고 살아 있는 사람들을 등용하자는 주장이 나오자 명종은 어쩔 수 없이 허락합니다. 피고가 20년 동안 추진한 모든 것이 폐지된 것입니다. 피고가 심혈을 기울였음에도 가까운 사람들이 비극적으로 생을 마감한 이유가 무엇일까요? 바로 피고 때문입니다. 피고는 권력을 독단적으로 이용하였고, 피고의 그 권력을 방패삼아 윤원형과 척신들의 전횡과 비리가 나타났던 것입니다. 이는 피고의 수렴청정의 폐해를 증명하는 것입니다. 그나마 효자 아들 명종 때문에 피고의 불명예가 그 정도에서 멈춘 것입니다. 피고는 다행이라고 생각하셔야 합니다.

이대로 변호사 판사님, 이의 있습니다. 원고 측 변호인은 수렴청정 제도 자체를 모두 부정하고 있습니다. 이번 재판을 통해서 우리가 새롭게 알게 된 것이 있지 않습니까? 수렴청정은 당시 신하들의 합의를 통해서 합법적으로 피고가 정치에 참여한 것이라는 사실을요! 피고는 조선 왕조 체제를 유지하기 위해서 합법적으로 수렴청정을 했던 것이고, 그 결과는 실패하지 않았습니다. 잘못이 없습니다.

김딴지 변호사 그렇지만 제도 자체는 왕조 체제를 유지하기 위한 것이라 할지라도 실제로 어떻게 운영하는가가 중요한 것입니다. 수렴청정은 제도이면서 정치를 운영하는 하나의 방식이었습니다. 비록 제도적인 면에서는 합법적이었다 해도 정치를 운영하는 방식에서 불법이 자행되었기 때문에 결국 피고의 수렴청정은 잘못됐다고 할 수 있습니다. 그리고 피고의 철렴 이후에도 정치 권력을 행사한 것은 조선에서 용납되기 힘든 것이었습니다. 피고가 수렴청정을 하는 동안 일어난 온갖 부정부패, 그리고 그로 인한 백성의 깊은 고통이 치유되지도 않은 상황에서 피고는 정치에서 손을 떼겠다고 시늉만 한 것이지요. 권력을 맛본 자들은 그 자리를 지키려는 속성이 있지요. 그래서 때로는 권력을 맛본 자들에게 그 권력의 달콤함은 치명적인 독이 되기도 합니다. 그러므로 문정 왕후는 명종에게 도움이 되기는커녕 오히려 가능성이 있던 왕을 무능한 왕이었다고 역사에 기록되게끔 하였습니다. 이상입니다.

판사 잘 들었습니다. 오늘 피고의 수렴청정에 대해 평가해 보았습니다. 양측 변호사의 변론을 통해서 피고의 수렴청정에 대해 제대로 이해할 수 있었습니다. 하지만 오늘 마지막 재판에서도 아쉽게도 양측의 갈등이 봉합되지 않은 채 끝나게 되었습니다. 하지만 오늘 재판은 수렴청정에 대한 다양한 의견들을 들을 수 있어서 판결하는 데 큰 도움이 되었습니다. 휴정한 후에 원고와 피고의 최후 진술을 듣는 것으로 이번 재판을 마무리하겠습니다.

다알지 기자

여러분의 궁금증을 위해서 발로 뛰는 다알지 기자는 오늘도 한국사법정 앞에 나와 있습니다. 임꺽정과 문정 왕후의 재판이 드디어 끝났는데요. 오늘 재판에서는 특이하게 피고 측 증인이 단 한 사람도 없는 반면, 원고 측 증인으로는 강출납, 전직필이 나와서 피고의 수렴청정으로 인한 문제점과 수렴청정에서 물러난 후에도 계속 정치에 참여했던 사실에 대해 증언하였는데요. 이에 피고는 정당하게 정치에서 물러났으며 자신의 수렴청정으로 인해 명종과 조선을 지킨 성과가 있었다고 주장했습니다. 그럼 원고 측 증인이자 피고의 사관이었던 전직필과 피고를 모시고, 오늘 재판에 대한 이야기를 들어 보겠습니다.

전직필

사실 나를 등용한 피고 앞에 원고 측 증인으로 서려니 나도 모르게 기가 죽어서 말이 잘 안 나오더군요. 하지만 나는 피고와 윤원형 등의 당대 최고의 지배층을 법정에 세운 것만으로 매우 뿌듯합니다. 피고는 자신의 수렴청정이 명종을 위한 것이었고, 조선의 체제를 지키기 위한 것이었다고 하였지요. 그런데 수렴청정을 하면서 바뀐 것들이 많아요. 일단 정치세력이 변화했지요. 원래 성종 이후로 사림들이 계속 사화로 희생되면서도 새로운 세상을 만들고자 등장했어요. 피고는 을사사화로 그 싹을 잘랐지요. 그 자리에 윤원형과 훈척들이 들어앉으면서 이들에 의해 경제 비리가 자행된 것입니다. 피고는 자신이 불교 신자였기 때문에 보우를 앞세워서 불교를 진흥했습니다. 그렇지만 유교 국가인 조선에서 최고의 통치자인 피고가 불교를 진흥한 것은 조선의 체제를 뒤흔든 것입니다. 피고는 여기에 들어가는 비용을 마련하기 위해서 내수사를 앞세워서 백성들의 땅을 빼앗고 삶을 위협했어요. 이러한 피고에게 명종이 무엇을 배웠겠습니까. 또한 피고는 수렴청정에서 물러난 후에도 계속 정치적 역할을 했습니다. 이런 변화들은 그녀가 죽은 다음에서야 본래대로 되돌아왔습니다. 그것만 봐도 피고가 얼마나 조선을 위태롭게 했는지 알 수 있지요.

문정 왕후

무식한 백정이 내게 소송을 제기한 것만으로도 이 재판은 의미가 없습니다. 나는 내 아들이 어린 나이에 즉위했기 때문에 수렴청정을 한 거예요. 그리고 당시의 경제적인 비리들은 내가 저지른 것도 아니고 내 동생 원형이가 저지른 것도 아니에요. 아무리 좋은 제도도 시간이 흐르면 보완돼서 바뀌어야 하지 않습니까? 사회가 바뀌면 그에 맞추어 제도도 바뀌어야 해요. 내가 불교 신자인 것은 맞지만 나만 불교 신자였습니까? 조선 시대 왕비들은 불교 신자들이 꽤 많았어요. 그리고 불교가 탄압받으면서 오히려 사회 문제가 발생했기 때문에 불교계를 조직화한 것인데 이게 잘못됐습니까? 그리고 난 수렴청정에서 물러난 후 정치에 관여하지 않았어요. 워낙 내가 정치를 잘했기 때문에 내가 만들어 놓은 제도와 변화들이 유지되었던 거예요. 난 결백합니다.

최후 진술

문정 왕후의 수렴청정은 역사의 심판을 받아야 합니다 vs 임꺽정은 의적이 아닌 역적이라고요

판사　세 번째 재판을 통해 양측의 주장을 잘 들어 보았습니다. 이제 배심원단이 마음을 결정해야 할 시간이 다가왔습니다. 양측 모두 생각을 정리해 보셨으리라 믿습니다. 양측 당사자는 신중하게 말씀해 주시기 바랍니다. 원고부터 최후 변론을 하세요.

임꺽정　존경하는 판사님, 그리고 방청객 여러분, 역사적 진실은 언젠가는 반드시 밝혀지게 마련입니다. 나는 이번 재판을 통해서 한국사법정에서 문정 왕후를 재평가할 수 있게 돼서 매우 기쁩니다. 김딴지 변호사께도 깊은 감사를 드립니다. 왜냐하면 나 같은 백정이 김변호사를 만나지 않았더라면 아마 죽어서도 가슴에 억울함을 묻고 있었을 것입니다.

나는 많이 배우지 못해서 사실 나랏일에 대해서는 잘 몰라요. 그래서 피고가 수렴청정을 한 것이 타당했는가는 중요하지 않아요. 하지만 내가 이번 재판을 준비하면서 확신할 수 있는 것은 문정 왕후는 권력욕이 많은 여자라는 것입니다. 자신이 남자가 아닌 여자이기 때문에 왕이 될 수 없으니까 무슨 수를 써서라도 아들을 왕으로 만들고 싶어 했어요. 그런데 운이 좋게도 인종이 승하하고 명종이 어린 나이에 왕위에 오르게 됐고, 이로 인해 문정 왕후는 수렴청정을 하게 되었습니다. 이번 재판에서 모든 분들이 수렴청정이 합법적이었고, 정해진 절차에 의해서 이루어졌음에 동의하셨는데, 나도 그렇게는 생각합니다. 그렇지만 나 같은 백성의 입장에서 중요한 것은 '그래서 과연 살기 좋은 세상이 되었나?'라는 것이죠.

문정 왕후가 수렴청정을 하면서 권력은 윤원형과 훈척들에게 돌아갔습니다. 이들은 백성들의 토지를 빼앗고, 간척 사업을 한다고 하면서 백성들을 부려 먹기만 했습니다. 그리고 내가 살고 있는 삶의 터전인 갈대밭도 빼앗았습니다. 우리 백성들은 살 수가 없었어요. 농사짓고, 나라에 세금 내고 살던 백성들이 땅을 빼앗기고 양반들에게 노비처럼 일해 주고 수확량의 절반을 내놓으면 뭘 먹고 삽니까? 먹고살기 힘들어서 도망간 사람들도 정말 많았어요.

사람들은 나를 의적으로 부릅니다. 그건 내가 도둑질한 물건을 굶주린 백성들에게 나눠 주었기 때문입니다. 내가 잔인하게 사람들을 죽이고, 관리들을 죽이고 내 욕심만 채웠다고 하지만 그렇지 않습니다. 단순히 내 욕심을 위한 것이었다면, 나 혼자 잘 먹고 잘살면 되는데 내가 왜 힘들게 훔친 돈과 곡식을 남에게 주었겠습니까? 바로 그들을 돕기 위해서였죠. 세상에서 가장 중요한 것은 바로 사람이기 때문이라고 생각합니다.

난 배운게 없어 무식한 백정이에요. 그렇기 때문에 양반들처럼 멋지게 상소문을 올린다든지, 조용히 말로 항변을 할 수 없었습니다. 그리고 나 같은 백정이 말한다고 들어주지도 않고요. 그러니까 행동을 할 수밖에 없었습니다. 그리고 내 뜻이 바람직했기 때문에 나를 따르는 사람들이 많아졌던 것입니다. 조정에서는 각자 개인의 사리사욕을 채우느라 정신이 없어서 나를 잡지 못한 것이고요. 그러고도 나를 역적이라 몰아세웁니다.

판사님! 수렴청정을 했다고 모두 내가 살던 때처럼 백성들이 굶어 죽지 않았을 것입니다. 얼마든지 백성들이 잘살았던 시절이 있었어요. 그런데 문정 왕후가 수렴청정을 했을 때는 지배층들은 잘살았지만 백성들은 도저히 살 수가 없었습니다. 이것은 문정 왕후의 책임입니다. 나를 도둑으로 만든 것도, 우리 백성들을 굶주려 죽게 하고 유랑민이 되게 한 것도 모두 문정 왕후의 수렴청정이 잘못되었기 때문입니다. 지금이라도 올바른 판결을 하셔서 고통 받았던 우리 백성들에게 위안이 되었으면 합니다.

판사　　잘 들었습니다. 그럼, 피고께서 최후 진술을 하세요.

문정 왕후　　양반과 상놈의 구분이 엄연한 조선에서 그것도 대왕대비인 나를 피고로 세운다는 것은 있을 수 없는 일입니다. 그렇지만 이왕 이렇게 된 것에 대해 나도 한 번 생각해 봤습니다. 내가 뭘 어떻게 했기에 임꺽정이라는 백정이 나를 상대로 소송을 했을까, 하고요.

권력 욕심을
이제 그만 버리세요.
나, 문정 왕후가
수렴청정을 했던 것은
백성과 조선, 명종을
위해서였어!
법원

내가 중종에게 시집갔을 때 세 살 된 전 부인의 아들이 있었는데 나는 그 아이를 친자식처럼 잘 키웠습니다. 그런데 세상은 그렇게 보지 않았습니다. 내가 아이, 즉 훗날 인종을 구박하고 죽이려고 했다고요. 그것은 내 아들 경원 대군이 태어났기 때문에 그렇지요. 똑같이 왕자인데, 왕위는 한 사람의 몫이다 보니 그런 걱정들이 있었던 것 같고, 경원 대군의 엄마인 내가 살아 있었기에 그 의심은 나에게로 돌아왔습니다. 그렇지만 나도 법도를 아는 사람으로 내 남편의 아들을 죽이면서까지 내 아들을 왕으로 만들려고 하지 않았어요.

그러나 하늘이 도왔는지 내 아들 경원 대군이 왕이 되었습니다. 개인적으로는 그때의 감격을 잊을 수 없습니다. 그렇지만 열두 살 된 명종이 어떻게 왕 노릇을 하겠습니까? 그래서 수렴청정을 했습니다. 이건 내가 결정한 것이 아니라 법도예요. 왕이 어릴 때는 대왕대비나 왕대비가 수렴청정을 한 선례는 얼마든지 있습니다. 그리고 나는 수렴청정을 했던 전례를 따라 정해진 날에 정치에 참여해서 명종을 도와주었습니다.

을사사화를 일으켜서 윤임을 제거했다는 사실에 대해 자꾸 뭐라고 하는데요. 윤임은 자기 조카 인종을 믿고 더 나쁜 짓을 했던 인물입니다. 그런 사람과 같은 윤씨라고 하더라도 같은 하늘 아래서 살 수는 없었어요. 더욱이 내 아들이 나라를 다스리는 데 위험한 인물이었지요. 그래서 동생 윤원형과 뜻을 같이하는 다른 신하들의 도움을 받았습니다. 나는 수렴청정을 하기 전까지는 정치가 무엇인지 모른 채 궁궐 안에서만 살아왔어요. 그런 내가 정치를 하려면 나를 도와주는 사람들이 필요하지 않습니까? 그렇다고 내가 다른 신하들과 자주 만나서 얼굴 맞대고 나랏일을 의논하는 것도 경망스럽고요. 그래서 원형이의 도움을 받았습니다.

내가 수렴청정을 했기 때문에 명종이 성인이 되어서는 스스로 조선과 백성을 다스릴 수 있었습니다. 나는 정해진 대로 수렴청정에서 물러났고, 뒤에서 아들을 지켜봤어요. 내가 수렴청정 이후에 정치에 관여했다고 하지만 그것은 사실이 아닙니다. 워낙 나의 카리스마가 오래갔기 때문입니다. 수렴청정이 그렇게 문제가 많았다면 이후에는 없어졌어야 하지만 계속 어린 왕이 즉위하면 실시되었어요. 그러나 도둑질로 사회를 혼란에 빠뜨린 임꺽정이 소송을 제기한 것 자체는 용납할 수 없습니다. 국가에 도전하고, 백성들을 핑계로 자신의 욕심을 채운 임꺽정이야말로 죄를 받아야 마땅합니다. 내가 나라를 위해 했던 수렴청정을 공정하게 평가하셔서 다시는 나를 '여주'라고 부르는 일이 없었으면 좋겠습니다.

판사 재판이 다 진행되었는데도 원고와 피고는 여전히 서로를 비판하고 있네요. 그만큼 치열했던 재판이었다고 생각합니다. 어찌 되었든지 간에 재판에 성실하게 임해 준 원고 측, 피고 측, 그리고 배심원과 방청객 여러분 모두 수고 많으셨습니다. 지금까지의 재판 과정과 원고, 피고의 최후 진술을 고려하여 4주 후 판결을 내리겠습니다. 이만 재판을 마칩니다.

땅, 땅, 땅!

역사공화국 한국사법정 재판 번호 32 임꺽정 vs 문정 왕후

주문

역사공화국 한국사법정은 임꺽정이 문정 왕후를 상대로 제기한 손해배상 청구에서 원고 승소 판결한다. 그러나 피고의 수렴청정은 합법적이었음을 인정한다.

판결 이유

본 법정은 문정 왕후의 수렴청정은 제도와 명분에서 문제가 없다고 판단하였다. 그러나 그 제도를 실천하는 과정에서 많은 문제점이 발생했다. 임꺽정이 도적이 될 수밖에 없었던 이유로 피고 문정 왕후가 수렴청정을 하면서 권력을 마음대로 행사하였고, 그로 인해 윤원형과 훈척들이 각종 정치적 · 경제적 비리를 저질렀기 때문이라고 판단하였다. 피고는 실제로 을사사화를 주도하여 반대 세력을 제거하고 훈척들이 정치 권력을 독점할 수 있도록 하였으며, 그러한 훈척들은 백성들의 토지를 빼앗고, 백성들에게 과도한 세금을 부담하도록 한 바가 인정된다. 또한 문정 왕후 측근인 왕실 내수사에서도 부정부패와 각종 비리를 저질러 재정을 확보하였다. 토지를 빼앗기고 세금 부담에 백성들은 고향을 떠났고, 자연재해까지 겹쳐 농사짓기도 어려웠던 시기에 임꺽

정은 백성들에게 훔친 물건과 곡식을 나누어 주며 그들을 도와주려 했던 점이 인정된다.

또한 피고의 수렴청정은 정당한 것이었으나, 수렴청정 기간에만 국가를 통치할 수 있는 권한을 남발하여 수렴청정에서 물러난 후에도 계속해서 정치에 관여하였다. 그렇기 때문에 그녀의 권력을 배경으로 훈척들의 비리가 계속해서 이어질 수 있었던 것이다.

본 법정은 나이 어린 왕이 즉위하였을 때 나라를 제대로 다스릴 수 있게 만든 수렴청정을 악용해 그 권력을 바탕으로 국가 체제를 위협하고, 가난한 백성들을 더 고통스럽게 만든 문정 왕후에게 엄중히 그 책임을 묻겠다.

역사공화국 한국사법정 담당 판사 정역사

에필로그

임꺽정과 변호사들, 문정 왕후의 흔적을 찾으러 가다

재판이 끝난 후 김딴지 변호사는 사무실로 돌아왔습니다. 워낙 피고 측의 반론이 거셌기 때문에 재판을 하는 동안 잠시도 긴장을 놓을 수가 없었습니다.

"여기 시원한 음료수 좀 줘요. 목이 타니까!"

"어머, 변호사님! 승소하셨는데 여전히 긴장된 얼굴이시네요? 이미 승소 소식이 전해져서 격려의 전화가 빗발치고 있어요. 이번 재판 정말 대단했다면서요?"

"그렇지. 대왕대비를 상대로 백정이 승리한 것이니까."

그때 다시 전화벨이 울렸습니다.

"여보세요?"

한참 통화를 끝낸 김딴지 변호사는 음료수를 마시자마자 자리를

여기 근정전과 뒤에 있는
사정전은 문정 왕후가
수렴청정을 한 곳이에요.
한편으로는 참 멋지고
대단한 여성인 것
같습니다.

털고 일어섰다. 그러고 나서 다시 옷을 입고 사무실을 나섰다. 김딴지 변호사는 과연 어디로 가는 것일까?

잠시 후 얼마 전까지 복원 사업을 했던 경복궁에서 임꺽정과 김딴지 변호사가 만났다.

"오셨어요, 변호사님!"

"앗! 임꺽정 씨, 웬일이세요? 어찌 이렇게 경복궁 나들이를 나오고."

"와! 변호사님, 근정전 참 멋있네요. 그거 아세요? 임금께서 부지런하게 정치를 하였으면 하는 소망에서 근정전이라는 이름이 붙여졌대요. 근정전 뒤에는 사정전이 있는데, 이것은 항상 백성을 생각하면서 정치를 하라고 붙여진 이름이라고 해요."

"오! 그사이에 공부를 했나요?"

"멋지네요. 바로 사정전이 문정 왕후가 수렴청정을 했던 곳으로 왕과 함께 이곳에서 정치를 했던 곳이지요. 정말 멋지고 근엄한 곳입니다."

"그렇지요. 왕조를 상징하는 곳이기도 하고, 권력의 심장부였으니까요."

"그런데 한편으로는 좀 안타까운 느낌도 들어요. 여성의 신분으로 이 근정전과 사정전에 앉아서 정치를 한 것은 매우 영광스러운 일이기 때문이죠. 조금만 욕심을 덜 부렸다면 아주 좋았을 텐데……."

"뭐, 권력을 잡으면 워낙 해야 할 일이 많으니까. 문정 왕후도 이번 재판으로 깨달은 바가 많을 것입니다."

"네, 내가 대왕대비를 상대로 재판에 승소하게 되어 정말 기뻐요.

그렇지만 이렇게 경복궁에 와서 보니까 저곳에서 백성을 위해 부지런히, 백성을 생각하면서 정치를 하라는 뜻을 잘 새겨서 수렴청정을 했으면 어땠을까 하는 아쉬움이 남습니다."

"어허! 그런 생각까지 하다니! 임꺽정 씨가 정치를 해도 되겠어요!"

"그랬다면 나 같은 백정은 역사에 남지도 않았을 것 같아요. 도둑질을 하고 반란을 일으킬 이유가 없었으니까요."

그때였다. 마침 술 한잔 함께하자고 들른 터에 함께 온 이대로 변호사가 고개를 끄덕이며 한마디 했습니다.

"임꺽정 씨 말이 맞아요. 국가를 이끌어 가는 통치자들은 그들의 권력을 앞세우기보다 백성들을 생각해야 합니다. 모두 함께 잘사는 나라를 만들어 나가는 것, 그러기 위해 앞장서는 것이 통치자가 해야 할 일이니까요. 문정 왕후도 이번 기회에 다시 한 번 자신의 수렴청정을 되돌아볼 것입니다."

"변호사님! 이번 재판에서 나처럼 신분이 낮고 배운 것이 없는 가난한 백성들의 마음을 알아주셔서 감사합니다. 앞으로도 힘없고 가난한 사람들을 위해서 애써 주세요. 다음에 기회가 되면 나의 명예 회복을 위해서 다시 한 번 변호사님을 찾아오겠습니다. 그때까지 안녕히 계세요."

임꺽정은 씩씩한 발걸음으로 걸어갔다. 임꺽정의 머리 위로 석양에 타는 저녁 노을이 멋스럽게 보였다.

카리스마가 넘치는 문정 왕후의 무덤, 태릉

세조의 왕비인 정희 왕후가 수렴청정을 한 이후 조선 왕실에는 몇 차례의 수렴청정이 있었습니다. 하지만 문정 왕후처럼 많은 권력을 가지고 정치를 하는 경우는 드물었지요. 때문에 문정 왕후가 묻힌 무덤은 왕비들의 능호에 주로 붙는 여성적인 글자가 아니라 '클 태(泰)'자를 붙여 태릉이라고 부르는 것도 문정 왕후가 가진 카리스마를 느끼게 해 주는 한 부분입니다.

조선 제11대 임금인 중종이 다시 장가를 가서 맞은 아내인 문정 왕후 윤씨는 어린 아들인 명종을 대신해 수렴청정한 인물이지요. 수렴청정 당시 누렸던 권세처럼 문정 왕후의 무덤도 한 개의 능이라고 믿기 힘들만큼 그 웅장함을 자랑합니다.

무덤을 감싼 돌에는 방향과 시간을 맡아 지키고 보호하는 열두 가지 동물의 상인 12지신상과 구름 문양을 새겼고, 무덤 바깥쪽으로는 12칸의 돌을 둘렀으며, 무덤 앞에는 제물을 차려 놓기 위하여 넓적한 돌로 만들어 놓은 상석과 무덤 앞의 양쪽에 세우는 한 쌍의 돌기둥인 망주석이 세워져 있지요. 이 외에도 무덤 주위로는 돌로 만든 양과 호랑이 각 2쌍이 배치되어 있고, 그 아래로는 문인석과 돌로 만든 말 1쌍, 가장 아랫단에는 무인석과 돌로 만든 말 1쌍이 있습니다.

이 외에도 태릉에는 정자각과 수복방, 비각 등이 있는데, 정자각은 제향을 올리는 곳입니다. 그리고 수복방은 능을 지키던 관리가 머물던 곳으로 방 한 칸과 부엌 한 칸으로 만들어져 생활할 수 있도록 되어 있지요. 또한 비각이 있어 비석이나 능 주인의 업적을 기록하여 세우는 비석인 신도비를 보관하기도 합니다.

전체적으로 크고 짜임새가 잘 잡혀 있는 문정 왕후인 태릉의 묘는 조선 시대 어느 임금의 능과 비해도 손색이 없을 정도입니다. 현재 문정 왕후의 무덤은 사적 제201호로 보호받고 있습니다.

사실 문정 왕후는 남편인 중종과 나란히 묻히기를 원했습니다. 그래서 이미 만들어진 중종의 능을 옮기기 까지 했지요. 하지만 이 소원은 끝내 이루어지지 못하고 문정 왕후는 혼자 묻히게 되었습니다. 현재는 중종의 무덤은 서울 강남의 정릉에, 계비였던 장경 왕후는 경기도 고양의 희릉에, 그리고 두 번째 계비였던 문정 왕후의 무덤은 이곳 태릉으로 나뉘어졌지요.

찾아가기 서울특별시 노원구 공릉동 산223-19

태릉의 정자각

문정 왕후의 무덤

한 걸음 더! 역사 논술

『역사공화국 한국사법정 32 왜 문정 왕후는 수렴청정을 했을까?』와 관련한 논술 문제를 풀어 봅시다.

※ 다음 제시문을 읽고 물음에 답하시오.

> 나라에 선정이 없으면 교화가 밝지 못하다. 재상이 멋대로 욕심을 채우고 수령이 백성을 학대하여 살을 깎고 뼈를 발리면 고혈이 다 말라 버린다. 수족을 둘 데가 없어도 하소연 할 곳이 없다. 기한이 절박해도 끼닛거리가 없어 잠시라도 목숨을 잇고자 도둑이 되었다. 그들이 도둑이 된 것은 왕정의 잘못이지 그들의 죄가 아니다.

1. 윗글은 "명종실록" 편찬에 참여한 한 사관이 임꺽정의 반란에 대해 평가한 내용입니다. 다음에 나오는 임꺽정과 문정 왕후의 이야기를 읽고 둘 중 한 인물을 골라 그 인물의 입장을 지지하는 글을 쓰시오.

임꺽정 내가 도둑이 된 것은 사관의 말처럼 내 잘못이 아닙니다. 얼마나 살기 힘들었으면 목숨을 잇고자 도둑의 길을 걷게 되었겠습니까?

문정 왕후 그건 비겁한 변명이에요. 먹고 살기 힘들다고 누구나

다 도둑이 되진 않아요. 그리고 가난은 나랏님도 구제 못한다는 말도 있잖아요?

※ 다음 제시문을 읽고 물음에 답하시오.

(가) 조선 명종 대에 경기도 양주에서 백정의 신분으로 태어난 임꺽정은 뜻을 같이 하는 농민 수십 명을 모아 황해도의 산악 지대를 중심으로 도적 활동을 벌입니다. 양반들에게 재물을 빼앗아 가난한 사람들에게 나누어 주었고, 억울하게 옥에 갇혀 있는 죄수들을 풀어주기도 하였지요. 3년 뒤 체포되어 결국에는 처형당하고 맙니다.

(나) 연산군 시대에 주로 활동한 홍길동은 지배층의 착취에 시달려 도망친 농민들의 무리의 지도자가 되었습니다. 홍길동은 양반 복장을 하고 스스로 첨지라 부르며 도적이 된 많은 농민을 이끌고 여러 고을의 관청을 습격했지요. 결국은 체포되어 의금부에서 취조를 당합니다. 후에 홍길동의 이야기는 『홍길동전』으로 소설화되기도 합니다.

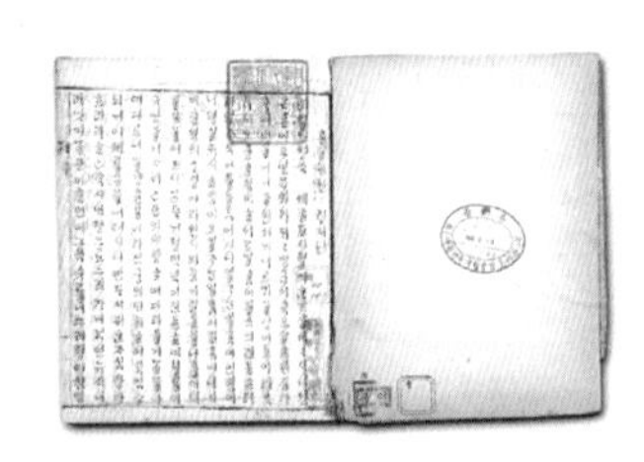
허균의 『홍길동전』

(다) 조선 숙종 대에 도적의 우두머리인 장길산은 황해도 일대에서 주로 활동하였습니다. 북쪽에서 인삼을 가져다가 활동비로 사용하기도 하였지요. 1696년에는 역적을 모의했다는 신고도 들어왔는데, 서얼, 승려와 함께 장길산이 손잡고 거사를 도모하였

다는 것입니다. 당시에는 장길산이 한양까지 쳐들어온다는 소문이 퍼질 정도였지요. 이에 나라에서는 장길산을 잡기 위해 노력을 했으나, 끝내 잡히지 않았고 언제 죽었는지도 알 수 없습니다.

2. (가)~(다)에 나오는 인물들의 공통점을 사회적 배경과 함께 쓰시오.

해답 1 임꺽정의 반란은 무려 3년간이나 지속되었습니다. 이렇게 오래 지속될 수 있었던 이유는 임꺽정 무리가 평소 지탄의 대상이 되었던 권문세가나 관리들의 재산을 털어 백성들에게 나누어 주었기 때문이지요. 따라서 임꺽정의 행동은 단지 한 명의 행동으로만 볼 수는 없습니다. 힘든 삶 속에서 부정부패를 뿌리 뽑고자 했던 백성들의 마음이 담겨 있었다고 볼 수 있지요.

해답 2 (가)는 임꺽정에 대한 이야기이고, (나)는 홍길동, (다)는 장길산에 대한 이야기입니다. 이익은 "성호사설"에서 이 세 인물을 조선의 3대 도둑으로 꼽았지요.

(가)~(다)에서 임꺽정, 홍길동, 장길산이 반란을 일으킨 데 가장 중요한 이유는 많은 농민들이 토지를 잃고 떠돌았던 데서 찾을 수 있습니다. 당시 왕권이 약화되었고, 국가 기강이 문란해져 중앙의 지방에 대한 통제가 적절치 않아 지방 관리들이 사리사욕을 채우는 데 급급했던 것입니다. 때문에 이들의 반란이 있기 전부터 이미 도적은 성행했지요.

* 해답은 예시로 제시된 내용입니다.

찾아보기

ㄱ

간척지 35
감언이설 109
개간 77
견원지간 58
경연 54
계비 40
공납 80
공론 58
공물 80
과전법 79
관비 127
국역 125
권세가 37
금부도사 99
기강 58

ㄴ

남녀노소 105
내수사 36
농간 62
농한기 93

ㄷ

대간 58

ㅁ

망발 63
민초 129
밀지 57

ㅂ

반란 37
반정공신 38

발 50
배은망덕 37
백정 33

ㅅ

사주 59
삼사 68
상례 48, 49
상소 41
서얼허통법 127
서원 67
수렴청정 24, 30, 31
수장 55
숙청 92
숭례문 108
승정원 57
승하 61
시주 132
신원 147

ㅇ

아전 90
안절부절 121
야사 44
야욕 54
양인 33, 35, 135
억압 53
언관 126
역관 126
영수 92
예기 52
왕토사상 78
왜곡 54
원상 48
육조 68
윤임 57
의적 31
익명서 62
인종 145, 146

ㅈ

적자 127
적장자 44
전호 77
전횡 69
정사(正使) 44

정사 50

조계 54

좌불안석 121

진상 123

ㅊ

척신 31

천민 32

철렴환정 136, 137

측천무후 52

ㅍ

편전 53

폐단 80

폐비 윤씨 39

ㅎ

훈척 65

역사공화국 한국사법정 32

왜 문정 왕후는 수렴청정을 했을까?

초　판 1쇄 발행일 2011년 6월 25일
개정판 1쇄 발행일 2015년 7월 10일
4쇄 발행일 2021년 5월 4일

지은이　임혜련
그린이　박준우
펴낸이　정은영

펴낸곳　(주)자음과모음
출판등록　2001년 11월 28일 제2001-000259호
주소　(04047) 서울시 마포구 양화로6길 49
전화　편집부 (02) 324-2347 경영지원부 (02) 325-6047
팩스　편집부 (02) 324-2348 경영지원부 (02) 2648-1311
이메일　jamoteen@jamobook.com

ISBN 978-89-544-2332-8 (44910)

• 47쪽 사진은 숙명여자대학교 박종진 교수님께 제공받았습니다.

철학자가 들려주는 철학 이야기 (전 100권)

아이들의 눈높이에 맞춘 철학 동화!
책 읽는 재미와 철학 공부를 자연스럽게 연결한 놀라운 구성!

대부분의 독자들이 어렵게 느끼는 철학을 동화 형식을 이용해 읽기 쉽게 접근한 책이다. 우리의 삶과 세상, 인간관계에 대해 어려서부터 진지하게 느끼고 고민할 수 있도록, 해당 철학 사조와 철학자들의 사상을 최대한 풀어 썼다.

이 시리즈의 가장 큰 장점은 내용과 형식의 조화로, 아이들이 흔히 겪을 수 있는 일상사를 철학 이론으로 해석하고 재미있는 이야기로 담은 것이다. 또한 아이들의 눈높이에 맞는 쉽고 명쾌한 해설인 '철학 돋보기'를 덧붙였으며, 각 권마다 줄거리나 철학자의 사상을 상징적으로 표현한 삽화로 읽는 재미를 더한다. 철학 동화를 이끌어가는 주인공을 형상화하고 내용의 포인트를 상징적으로 표현한 삽화는 아이들의 눈을 즐겁게 만들어준다. 무엇보다 이 시리즈는 철학이 우리 생활 한가운데 들어와 있고, 일상이 곧 철학이라는 사실을 잘 보여준다. 무엇보다 자기 자신을 극복한다는 것, 인간을 사랑한다는 것, 진정한 인간이 된다는 것, 현실과 자기 자신을 긍정한다는 것 등의 의미를 아이들의 시선에서 풀어내고 있다.